Backen für Ostern

Kristiane Müller-Urban

Backen für Ostern

60 Lieblingsrezepte
für die ganze Familie

Es ist nicht gestattet, Abbildungen oder Teile dieses Buches zu scannen, in PCs oder auf CDs zu speichern oder in PCs/Computern zu verändern oder einzeln oder zusammen mit anderen Bildvorlagen zu manipulieren, es sei denn mit schriftlicher Genehmigung des Verlages.

Augustus Verlag, München 2002
© Weltbild Ratgeber Verlage GmbH & Co. KG
Alle Rechte vorbehalten
Umschlaggestaltung: KA•BA factory, Augsburg
Umschlagbild: Odette Teubner, Füssen
Fotos: S. 29, 81: Aurora; S. 8, 25, 71: Peter Kölln, Köllnflockenwerke; S. 75: Maizena; S. 59: Mazola; S. 11, 12, 51: Schwartauer Werke; alle übrigen: Odette Teubner, Füssen
Satz: Gesetzt aus Weidemann, von satz-studio gmbh, Bäumenheim
Lithos: Typework Layoutsatz & Grafik GmbH, Augsburg
Druck und Bindung: Printer Trento, Trento
Printed in Italy

ISBN 3-8043-6141-2

Gedruckt auf elementar chlorfrei gebleichtem Papier

Inhaltsverzeichnis

7   Frohe Ostern!
9   Eine kleine Backkunde

Gebildbrote zum Essen und Dekorieren

16 Sonnenrad, Osterkorb und Eiernestchen
18 Osterpalme
20 Kerniges Osternest
22 Kreuzbrote und Brezeln
23 Eiermann und Osterfrau
24 Froher Osterbote
26 Rebenkreuz
27 Süße Hoppelhasenbilder
28 Weißer Hase
30 Gefüllter Osterzopf
31 Oberhase und drei Häschen
32 Fruchtiger Osterkranz
34 Osterlamm
36 Frühlingsbaum
38 Lustige Hühnerfamilie
39 Lämmchen auf der Wiese

Österliches Kleingebäck

42 Pistazien-Marzipan-Plätzchen
42 Knusperhasen
43 Süße Osterplätzchen
44 Gefüllte Mohnhasen
46 Ostersonntag-Muffins
47 Erdbeerküsschen
48 Beschwipste Savarins
50 Kleine Marzipanfiguren
52 Pikante Eier im Schlafrock
53 Kleine Spinatpizzas mit Ei

Festliche Ostertorten und Kuchen

56 Ostertorte mit Mandelcreme
57 Serviettenringe
58 Karfreitagsbrot
60 Ostergrüße auf Frischkäse
61 Rhabarber-Erdbeer-Torte
62 Osterwiese
64 Stachelbeertorte
65 Himbeer-Jogurt-Torte
66 Marzipantorte
68 Baiser-Osterei
69 Beerentorte mit Baiserhaube
70 Pfirsich-Mascarpone-Torte
72 Osterbrot
73 Meister Lampes Gugelhupf
74 Früchtetorte mit Mangocreme

Ostergebäck aus aller Welt

78 Schweizer Rüeblitorte
79 Schweizer Rahmfladen
80 Schweizer Ostertorte

82	Österreichischer Karfreitagsstrudel	90	Sizilianische Cassata
83	Malteser Osterkuchen	91	Tessiner Brottorte
84	Russisches Osterbrot	92	Griechischer Osterzopf
86	Russische Osterpastete	94	Israelische Plava mit Limettensauce
87	Dänische Osterfladen	95	Israelische Maronenrolle
88	Italienische Torta Pasqualina	96	Rezeptregister

Abkürzungen

EL = Esslöffel
TL = Teelöffel
Msp. = Messerspitze(n)
Pck. = Päckchen
Btl. = Beutel
kg = Kilogramm
g = Gramm
l = Liter
ml = Milliliter
TK = Tiefkühl
geh. = gehackt
gem. = gemahlen
ger. = gerieben
gestr. = gestrichen

Frohe Ostern!

Das Osterfest, die Auferstehung Jesu, hat keinen festen Platz im Kalender, weil sich die Kirchenfürsten jahrhundertelang auf keinen Termin einigen konnten, bis endlich Karl der Große das Osterfest auf den ersten Sonntag nach Frühlingsvollmond festsetzte. In dieser Zeit, in der die Sonne schon länger am Himmel steht, die Vegetation erwacht und die Menschen mit saftigen Kräutern und frischem Gemüse erfreut, feiern die Menschen seit jeher das Ende des Winters und den Beginn des Frühlings. Das christliche Osterfest und das Abendmahl haben ihre Wurzeln im Pessachfest.

Das jüdische Pessachfest

Das Pessachfest (auch Passah und Pascha geschrieben) soll an die Befreiung der Juden aus der ägyptischen Sklaverei erinnern. Die Familie und Freunde treffen sich zu Hause zu einem festlichen Essen. Der Hausherr liest aus der Pessachgeschichte vor. Es werden ausgewählte »koschere«, d. h. den jüdischen Speisegesetzen entsprechende Speisen aufgetragen und am Ende des Mahls darf die Pessachtorte nicht fehlen.

Griechische Ostern

Ostern ist das große Familienfest in Griechenland. Am Gründonnerstag, der dort roter Donnerstag heißt, werden die Lämmer zusammengetrieben und vor dem Schlachten von dem Priester der griechisch-orthodoxen Kirche geweiht. Denn zum griechischen Osterfest gehört nach dem Besuch der Kirche ein Lammbraten wie bei uns zu Weihnachten die gebratene Gans. Am roten Donnerstag werden die Eier meistens rot gefärbt; Rot steht für die Farbe des Blutes, das Jesus für die Menschheit vergossen hat. An diesem Tag wird auch der Osterkranz gebacken, den ein rot bemaltes Ei ziert.

Russische Ostern

Im russischen Kalender ist Ostern das höchste Fest, an dem die Russen in aller Welt an den feierlichen Messen in den Kirchen teilnehmen. Der Priester segnet die besonderen Osterspeisen, die die Gläubigen mit in die Kirche bringen. Dazu gehören Kulitsch, der hohe Hefekuchen, und bunt bemalte Ostereier. Nach dem Besuch der Messe folgt ein üppiges Ostermahl mit Wodka, Kaviar, Kulitsch und Lachspastete.

Von Eiern, Hasen & Lämmern

Ostern, das Fest des Frühlings und der Auferstehung, ist auch ein Fest des Eies. Erst im Frühling legen die Vögel wieder Eier, deren Genuss während der Fastenzeit den Gläubigen verboten war. Das Ei ist ein altes Symbol der Fruchtbarkeit, des

Der Hase als Symbol der Fruchtbarkeit.

Lebens. Für die Kirche ist das Ei ein Zeichen: So wie das Küken die Schale aufbricht und ins Leben tritt, so sprengte Jesus sein Grab.

Warum vor Ostern die Eier von den Hasen gelegt werden? Hasen sind wegen ihrer vielen Jungen, die im Frühling auf den Wiesen hoppeln, altüberlieferte Zeichen der Fruchtbarkeit. Ostereier legende Hasen kamen erst zum Ende des 17. Jahrhunderts auf. Ob die Hasen nun Ostereier legen oder nur bunt anmalen – Groß und Klein lieben die Geschichten, die sich um den Osterhasen ranken.

Das Lamm hat im christlichen Glauben eine tiefe Bedeutung. Als Jesus Christus am Kreuz starb, hat er durch seinen Opfertod alle Sünden der Menschen auf sich genommen wie einst der Sündenbock, dem symbolisch alle Sünden aufgebürdet wurden und der dann in die Wüste geschickt wurde. Deshalb wird Jesus Christus, Gottes Sohn, auch als Lamm Gottes bezeichnet. Den Ostertisch ziert häufig ein süßes gebackenes Lamm und der Lammbraten am Ostersonntag hat ebenso Tradition.

Der festlich gedeckte Tisch

Wie immer Sie mit Ihrer Familie und Ihren Freuden das Osterfest begehen wollen, dazu gehört am Ostersonntag ein hübsch dekorierter Frühstückstisch. Ein

Ostersonntag mit Kindern wird anders aussehen als ein Fest für Freunde oder Verwandte. Kinder brauchen einen lustig gedeckten Frühstückstisch. Sie werden jedoch nicht zu lange bei Tisch verweilen wollen, weil der Osterhase doch die Ostereier im Haus, im Garten oder im Wald versteckt hat. Auch der Mittagstisch ist festlich gedeckt, mit Osterhasen und bunten Ostereiern und vielen Frühlingsblumen geschmückt. Und am Nachmittag gibt's für alle köstliche Torten.

Jede Ostermahlzeit wird an einem mit Liebe und Fantasie gedeckten Tisch eingenommen. Frühlingsblumen gehören ebenso dazu wie selbst angemalte Ostereier und viele bunte Osterhasen und Schokoladeneier. Weil Ostern aber auch ein Fest ist, mit dem der Frühling, die schönste Jahreszeit, begrüßt wird, sollte bei der Tischdekoration die Farbe Grün nicht fehlen. Kressegrün beispielsweise ist leicht und schnell in wenigen Tagen am Küchenfenster zu ziehen. Stellen Sie die Kresse in kleine Schälchen oder Eierbecher und stecken Sie lange, dünne Kerzen oder Ostereier hinein. Mit Katzengras (aus der Tierhandlung) läßt sich ebenfalls in wenigen Tagen üppiges Grün ziehen. Kresse und Katzengras können Sie auch in Eierschalen mit etwas Blumenerde ansäen. Auch viele Schnittlauchtöpfe oder Moos aus dem Wald oder vom Blumenhändler, in der Mitte einer Tafel mit Ostereiern angeordnet, lassen die Augen von Groß und Klein leuchten.

Gut vorbereitet

Das Gebildgebäck wie auch das österliche Kleingebäck lassen sich gut vorbereiten und frisch gebacken einfrieren. Die Torten sollten allerdings am Tag vor dem Genuss zubereitet werden, wobei Knet- und Hefeteige bereits am Vortag hergestellt werden können. Gefüllt und verziert wird am Ostertag selbst. Das herzhafte Gebäck, insbesondere aus unserem vierten Kapitel, kann häufig schon am Vortag zubereitet werden. Am Abend lässt es sich schnell im warmen Ofen auffrischen.

Eine kleine Backkunde

Kuchen backen macht Freude. Und Backen ist leichter, als viele vermuten. Allerdings sind einige Regeln zu beachten.

Ohne Mehl kein Kuchen

Bis auf wenige Ausnahmen wird Gebäck aus Mehl hergestellt. Für süßes Backwerk eignet sich am besten Weizenmehl. Je höher die Typenbezeichnung beim Mehl, desto mehr Vitamine, Mineralstoffe und Ballaststoffe enthält es. Das gängigste Weizenmehl hat die Typenbezeichnung 405, Backschrot hingegen die Bezeichnung Type 1700.
Vollkornmehl enthält alle Bestandteile des Korns einschließlich des Keims. Dieses

Mehl läßt sich etwas schwerer verarbeiten und es braucht bei der Teigherstellung etwas mehr Flüssigkeit. Sie können aber einen Teil des hellen Weizenmehls durch ein dunkleres ersetzen.
Außer Weizenmehl finden Sie im Supermarkt, in Reformhäusern und Naturkostläden Mehl aus Roggen, Gerste, Dinkel und Grünkern. Dort können Sie direkt die Körner kaufen und vor Ort mahlen oder schroten lassen. Für zartes Gebäck und feine Kuchen verwenden wir in diesem Buch bis auf wenige Ausnahmen Weizenmehl Type 405.

Für besonders feinporiges Gebäck kann ein Teil des Mehls durch Speisestärke ausgetauscht werden. Bei Biskuitteigen können 50 bis 100 Prozent des Mehls durch Speisestärke ersetzt werden, bei Rührteigen 25 bis 50 Prozent und bei Mürbeteigen 25 bis 30 Prozent.

Mehl und Speisestärke sollte in die Backschüssel gesiebt werden, damit der Kuchen lockerer wird.

Butter & Zucker, Eier & Milch

Kuchenteige lassen sich am besten rühren, wenn alle Zutaten die gleiche Temperatur aufweisen. Nur für den Mürbeteig sollte das Fett (Butter oder Margarine) kalt sein. Statt Butter können Sie auch Margarine oder Butterschmalz verwenden. Da Butterschmalz fast kein Wasser enthält, können Sie davon rund 10 Prozent weniger nehmen: statt 200 Gramm Butter also 180 Gramm Butterschmalz.

Feinkörniger Zucker (Raffinade) läßt sich leichter und schneller verarbeiten als grobkörniger Zucker. Puderzucker besitzt rund 10 Prozent weniger Süßkraft als Zucker. Puderzucker sollte immer gesiebt werden.
Eier werden in Gewichtsklassen eingeteilt. Die früher gültigen Klassen 0 bis 7 wurden ersetzt durch XL (früher Klassen 0 bis 1), L (früher Klasse 2), M (früher Klassen 3 bis 4), S (früher Klassen 5 bis 7). Wenn nichts anderes in diesem Buch vermerkt ist, verwenden wir die Eier der Gewichtsklasse M.

Hefeteigzutaten sollten Zimmertemperatur aufweisen.

Den Hefeteig immer gut durchkneten.

Optimal gegangener Hefeteig.

Rührteige und Hefekuchen werden zusätzlich mit Milch verrührt. Verwenden Sie Vollmilch. Beim Rührteig sollte die Milch Zimmertemperatur haben und beim Hefeteig muss die Milch handwarm sein, d. h. wenn Sie einen Finger in die Milch tauchen, dürfen Sie keinen Temperaturunterschied bemerken.

Backtriebmittel

Damit der Kuchen schön locker aufgeht, verwenden wir Backpulver oder Hefe. Backpulver sollte immer mit dem Mehl über die anderen Zutaten gesiebt werden. Backpulver verliert seine Treibkraft, wenn es direkt mit feuchten Zutaten in Berührung kommt. Wer Backpulver nicht verträgt, wählt Weinsteinbackpulver aus dem Reformhaus oder Naturkostladen.

Hefe wird frisch im Kühlregal der Supermärkte in Würfeln zu 42 Gramm angeboten. Sie muß appetitlich riechen und darf nicht gelblich-braun oder brüchig sein. Trockenhefe gibt es in kleinen Beutelchen. Zwei Beutel entsprechen etwa einem Würfel Frischhefe. Hefe liebt es warm. Deshalb müssen alle Teigzutaten Zimmertemperatur und mehr aufweisen. Kalte Butter oder Margarine und Eier direkt aus dem Kühlschrank, kalte Milch und andere kalte Zutaten lassen die Hefe nicht arbeiten. Hefeteig immer gut durchkneten und vor dem Ausrollen in einer Schüssel abgedeckt etwa 30 Minuten gehen lassen, damit das Gebäck schön locker aufgeht.

Marzipan am besten zwischen Gefrierbeuteln ausrollen.

Marzipan lässt sich gut mit Lebensmittelfarben nach Belieben färben.

Gewürze & Kräuter, Nüsse & Samen

Die beliebtesten Kuchengewürze sind Vanille, Zitronen- und Orangenschale sowie Rum. Eine Prise Salz sollte in keinem Kuchenteig fehlen. Echter Vanillezucker ist etwas teurer als künstlicher Vanillinzucker, schmeckt aber kräftiger. Für das Zitrusaroma brauchen Sie unbehandelte Früchte. Aber Sie können diese Gewürze auch in kleinen Beuteln kaufen (z. B. *Citro-back* und *Orange-back*), Rum gibt es ebenfalls in praktischen Beuteln oder Fläschchen. Andere Gewürze sind Zitronat und Orangeat, Anis, Sternanis, Zimtpulver, Kardamom, Muskatblüte (Macis), Angelika (Engelwurz), Ingwer und Safran. Safran färbt den Kuchenteig besonders appetitlich gelb.

Für pikantes Gebäck eignen sich alle getrockneten und kräftigen frischen Kräuter wie Thymian, Rosmarin, Salbei, Lorbeer. Sehr gut geeignet zum Würzen sind klein geschnittene Oliven, getrocknete Tomaten, gebratene Zwiebel- und Speckwürfelchen sowie Käsewürfel.

Nüsse und Samen verleihen jedem Gebäck einen besonders herzhaften Geschmack. Im Handel finden Sie die Kerne von Haselnüssen sowie Mandeln, Walnüsse, Pecannüsse, Erdnüsse, Macadamianüsse, Pistazien, Pinienkerne, Kürbiskerne, Sonnenblumenkerne und Sesam. Klein gehackt oder gemahlen werden sie mit dem Teig verrührt oder verknetet, in Stiften, Blättchen oder grob gehackt über das ungebackene Gebäck gestreut.

Hübsch verziert ist Osterbrauch

Wie ist ein kunterbunt oder edel verziertes Gebäckstück doch herrlich anzuschauen! Die einfachste Art ist es, den fertigen Kuchen mit Puderzucker zu bestäuben oder mit einem Guss aus Puderzucker und Zitronensaft oder aus Schokolade zu überziehen. Besonders fein ist ein Überzug aus Marzipan. Die Marzipanrohmasse wird am besten zwischen Gefrierbeuteln oder Frischhaltefolie ausgerollt und über die Torte gelegt. Mit Lebensmittelfarbe lässt sich die Marzipanrohmasse außerdem je nach Gusto färben. Für unsere Rüeblitorte werden kleine Möhrchen und Osterhasen aus Marzipanrohmasse geformt, die Masse für die Möhren zusätzlich mit roter und gelber Lebensmittelfarbe orangerot gefärbt.

Unsere festlichen Ostertorten werden mit bunten kleinen Ostereiern und Osternestern, aber auch mit Schokolade-Osterhasen und süßem Gebäckschmuck, Zuckerblümchen und bunten Perlen verziert, die Sie in jedem Supermarkt kaufen können. Fruchtige Ostertorten werden mit farbenfrohen Früchte belegt. Sollten Sie die einen oder anderen Früchten bei Ihrem Händler noch nicht bekommen, verwenden Sie einfach Tiefkühlware oder Früchte aus dem Glas.

Von Backformen & Backöfen

Backformen gibt es nicht nur in unterschiedlichen Formen, sondern auch aus verschiedenen Materialien. Da eine gute Form meistens ein ganzes langes Backleben hält, sollten Sie sich für eine gute Qualität entscheiden. Jede Backform wird sorgfältig mit weicher Butter eingefettet, am besten mit etwas Mehl, Grieß oder gemahlenen Mandeln ausgestreut und kurz kühl gestellt. Nach dem Backen bleibt der Kuchen noch rund 10 Minuten in der Form, wobei er sich etwas zusammenzieht, bevor er aus der Form gestürzt wird. Warmes Gebäck sollten Sie stets eine Weile auf einem Kuchengitter auskühlen lassen.

Im Fachhandel finden Sie eine ganze Reihe großer und kleiner österlicher Backformen und Ausstechförmchen, mit denen das Backen besonders viel Spaß bereitet.

Backöfen werden mit Gas oder Strom betrieben. Da nicht alle Öfen die vorgeschriebene Temperatur erreichen bzw. halten, sollten Sie sich stets nach Ihren Erfahrungen richten. Wählen Sie im Zweifelsfall lieber eine etwas niedrigere Temperatur und backen Sie den Kuchen etwas länger, falls er zur vorgesehenen Zeit noch nicht fertig ist.

Gebildbrote zum Essen und Dekorieren

Aus Hefeteig lassen sich nicht nur Zöpfe flechten und Brezeln formen. Schmücken Sie Ihre Ostertafel mit süßen gebackenen Eiernestchen, mit Hasen, einem Lämmchen, mit einem geflochtenen Eierkorb und allerlei anderen österlichen Gebilden.

Sonnenrad, Osterkorb und Eiernestchen

Für 6 Gebäckstücke
1 kg Mehl
1 Würfel Hefe
8 EL Zucker
etwa ½ l lauwarme Milch
1 Döschen Safranpulver
1 TL Salz
4 EL flüssige Butter
2 Eier
1 Eiweiß, 2 Eigelb
2 EL Kondensmilch
1 EL Sesam
etwas weiche Butter zum Einfetten
etwas Grieß zum Bestreuen
hart gekochte, bunt gefärbte Eier

Eiernestchen

Aus den 4 Teigstücken 4 Nestchen flechten, mit Eigelb bestreichen und mit Sesam oder Mohn bestreuen. Jeweils 1 ausgeblasenes Ei in die Mitte setzen und 15 Minuten backen. Die ausgeblasenen Eier durch hart gekochte, bunte Eier ersetzen.

1 Das Mehl in eine Schüssel sieben. Eine Mulde drücken und die Hefe hineinbröckeln. 1 TL Zucker und etwas Mehl vom Rand darüber streuen und alles mit ein wenig lauwarmer Milch glatt rühren. Den Teig abgedeckt 15 Minuten ruhen lassen. Das gegangene Hefestück mit etwas Mehl bestreuen, die restliche Milch mit Safranpulver verrühren, mit Zucker, Salz, Butter und Eiern zum Mehl geben und alles in etwa 5 Minuten zu einem glatten Teig verkneten. Er darf nicht an den Händen kleben.

2 Den Teig zu einer Kugel formen und abgedeckt etwa 45 Minuten gehen lassen. Zwei Backbleche mit Backpapier auslegen. Über eine halbkugelförmige Schüssel (Durchmesser ca. 20 cm) ein ausreichend großes Stück Alufolie, viermal zusammengelegt, fest und glatt andrücken und vorsichtig lösen.

3 Den Backofen auf 190 °C (Gas Stufe 2–3, Umluft 175 °C) vorheizen. Von dem gegangenen Teig 4 etwa 80 Gramm schwere Stücke beiseite legen (für die *Eiernestchen*), ebenso ein etwa 400 Gramm schweres Teigstück. Den restlichen Teig knapp 5 Millimeter dick zu einem Rechteck ausrollen. Fünf Streifen (1,5 cm breit und etwa 8 cm lang) zu kleinen Rosetten formen. Nun vier knapp 1 cm dicke und gut 12 cm lange Rollen formen. Den Rest zu einem etwa 10 cm breiten und entsprechend langen Streifen ausrollen, aufrollen und mit einer Schnittfläche auf das Backblech legen.

4 Nun abwechselnd eine kleine Rosette und eine Rolle mit etwas Eiweiß an die große Teigrolle »kleben«. Die Rollen am besten ein wenig unter die große Rolle schieben und andrücken. Die Rollen zu S-förmigen Strahlen biegen. Das Sonnenrad noch einmal 15 Minuten ruhen lassen. Die Eigelbe mit der Kondensmilch verrühren und das Sonnenrad damit bestreichen. Im Backofen (Mitte) 25 bis 30 Minuten backen.

5 Die zur Schüssel geformte Alufolie außen sorgfältig mit weicher Butter bestreichen und mit Grieß bestreuen, kühl stellen. Inzwischen aus dem zurückbehaltenen, 400 Gramm schweren Teig lange dünne Rollen formen und nicht zu dicht gitterförmig über die Aluform legen. Als Abschluss zwei sehr dünne Rollen zu Kordeln drehen und am unteren Rand festdrücken. Den Osterkorb mit dem restlichen Eigelb bestreichen. Im Backofen (Mitte) etwa 10 Minuten goldgelb backen. Von der Alufolie lösen und abkühlen lassen, dann mit bunten Ostereiern füllen.

Osterpalme

700 g Weizenmehl
300 g Roggenmehl
1 Würfel Hefe
1 TL Zucker
gut ½ l lauwarme Buttermilch
2 Eier
6 EL Olivenöl
1 EL Salz
2 Eigelb
1 ausgeblasenes Ei
1 EL Kondensmilch
1 hart gekochtes, bunt gefärbtes Ei

1 Die beiden Mehlsorten in eine Schüssel sieben. Mit einem Löffel eine Mulde drücken und die Hefe hineinbröckeln. Den Zucker und ein wenig Mehl vom Rand darüber streuen und mit 6 EL warmem Wasser die Hefe glatt rühren.

2 Die Schüssel abdecken und für 10 Minuten beiseite stellen. Das gegangene Hefestück mit etwas Mehl bestreuen, die Buttermilch, die zimmerwarmen Eier, das Olivenöl und das Salz dazugeben und alle Zutaten in gut 5 Minuten zu einem glatten Teig verkneten. Falls der Teig zu fest ist, noch etwas lauwarme Buttermilch dazugeben.

3 Den Teig zu einer Kugel formen, zurück in die Schüssel legen und 1 Stunde oder länger abgedeckt gehen lassen. Das Teigvolumen soll sich etwa verdoppelt haben.

4 Den Backofen auf 200 °C (Gas Stufe 3, Umluft 180 °C) vorheizen. Ein Backblech mit Backpapier auslegen. Den gegangenen Teig noch einmal durchkneten. Zwei Handvoll Teig beiseite legen. Den Rest in 3 gleich große Stücke teilen und zu etwa 40 bis 45 cm langen Rollen formen. Daraus einen Zopf flechten und auf dem Backblech zu einem Kreis schließen.

5 Aus dem restlichen Teig 4 dünne Rollen formen (dabei einen kleinen Rest für die Rundung des Buchstabens P aufbewahren) und mit etwas Eigelb wie aus dem Bild ersichtlich auf den Teigkreis legen und andrücken.

6 Aus dem letzten Stück Teig die Rundung des P biegen und mit etwas Eigelb andrücken. Das ausgeblasene Ei hineindrücken. Die Osterpalme 15 Minuten ruhen lassen.

7 Das restliche Eigelb mit Kondensmilch verrühren und die Osterpalme damit bestreichen. Im Backofen auf der mittleren Schiene in 25 bis 35 Minuten goldgelb backen. Nach dem Auskühlen das ausgeblasene Ei durch das bunte Osterei ersetzen.

Tipp

Mit dieser Osterpalme können Sie Ihre Haustür schmücken, Sie können sie lieben Freuden an Ostern schenken oder, wie es mancherorts Brauch ist, die Osterpalme an einem Stock mit bunten Bändern befestigen und rechts, links und oben mit grünen Zweigen und Bändern verzieren.

Kerniges Osternest

1	Zwiebel
30 g	Schinkenspeck
1 TL	Butter
4 EL	gehackte Mandeln
500 g	Mehl
½	Würfel Hefe
2 TL	Zucker
etwa 200 ml	lauwarme Milch
½ TL	Salz
	etwas ger. Zitronenschale oder ½ Btl. Citro-back
75 g	weiche Butter
1	Ei
1	Eiweiß
1	Eigelb
1 TL	Milch
3 EL	Kürbiskerne
2 EL	Sonnenblumenkerne
2 EL	Pinienkerne
	hart gekochte, bunt gefärbte Eier

1 Die Zwiebel schälen und fein würfeln, ebenso den Schinkenspeck. Zuerst die Zwiebelwürfel in der heißen Butter anschwitzen, den Speck und die Mandeln hinzufügen und 2 Minuten braten. Zum Abkühlen beiseite stellen.

2 Das Mehl in eine Schüssel sieben. Mit einem Löffel eine Mulde drücken und die Hefe hineinbröckeln. 1 TL Zucker darüber streuen und die Hefe mit etwas lauwarmer Milch und ein wenig Mehl vom Rand glatt rühren. Die Schüssel abdecken und für 10 Minuten beiseite stellen.

3 Das Salz, den restlichen Zucker, die Zwiebel-Speck-Mischung, die Zitronenschale, die Butter, das Ei und das Eiweiß sowie bis auf einen kleinen Rest die lauwarme Milch dazugeben und alle Zutaten zu einem glatten Teig verkneten. Eventuell noch etwas Milch hinzufügen.

4 Den Teig abgedeckt in der Schüssel 30 Minuten gehen lassen. Den Backofen auf 200 °C (Gas Stufe 3, Umluft 180 °C) vorheizen. Ein Backblech mit Backpapier auslegen. Das Eigelb mit etwas Milch verrühren. Bis auf einige Kürbiskerne alle Kerne grob hacken.

5 Den gegangenen Teig noch einmal durchkneten und zu drei gleich langen Rollen formen. Von jeder Rolle ein kleines Stück abschneiden, flach drücken, dann zu Rosetten formen. Die drei Stränge zu einem Zopf flechten.

6 Den Zopf auf das Backblech legen und rund formen. Jeweils 3 Stellen mit etwas Eigelb bestreichen und die Rosetten darauf setzen. Etwas Eigelb auf die Rosetten verteilen und die ganzen Kürbiskerne wie Blütenblätter um die Rosetten legen.

7 Das Osternest abgedeckt 15 Minuten gehen lassen. Dann mit Eigelb bestreichen und mit den zerkleinerten Kernen bestreuen. Auf der mittleren Schiene im Backofen 30 bis 40 Minuten backen.

8 Das abgekühlte Osternest mit hart gekochten und bunt gefärbten Eiern füllen.

Kreuzbrote und Brezeln

Für 20 Gebäckstücke

400 g Weizenmehl Type 550

400 g Roggenmehl Type 997

1 Würfel Hefe

1 TL Zucker

etwa 400 ml lauwarmes Wasser

1 Btl. Natursauerteig (150 g)

3 TL Salz

2 EL Sonnenblumenöl

1 Eiweiß

Sonnenblumenkerne, Sesam, Kümmel, Anis, Korianderkörner, Fenchel, Mohn, Kürbiskerne zum Bestreuen

1 Die beiden Mehlsorten in einer Schüssel mischen. Mit einem Löffel eine Mulde drücken und die Hefe hineinbröckeln. Den Zucker und ein wenig Mehl vom Rand und etwas lauwarmes Wasser hinzufügen und die Hefe glatt rühren.

2 Die Schüssel abdecken und 15 Minuten beiseite stellen. Zwei Backbleche mit Backpapier auslegen. Den Beutel mit Sauerteig für 10 Minuten in warmes Wasser legen, dann gut durchkneten.

3 Das gegangene Hefestück mit etwas Mehl bestäuben. Die Hälfte des lauwarmen Wassers, den Sauerteig, das Salz und das Öl hinzufügen und alle Zutaten zu einem glatten Teig verkneten. Falls der Teig zu fest ist, noch etwas Wasser dazugeben.

4 Den Teig etwa 10 Minuten kräftig kneten. Dann zurück in die Schüssel legen und 1 Stunde oder länger abgedeckt gehen lassen.

5 Den Teig in 20 Stücke, die nicht gleich schwer sein müssen, teilen. Daraus einige Brezeln und runde und längliche Brötchen formen und auf das Backblech setzen. Die Oberflächen der Brötchen mit einem scharfen Messer kreuzweise einschneiden.

6 Eine andere Kreuzform besteht aus zwei 8 bis 10 cm langen und etwa 4 cm breiten Rollen, die kreuzförmig zusammengesetzt werden. Sie können etwas längere und dünnere Rollen auch jeweils zu einem S formen und kreuzförmig zusammensetzen.

7 Die geformten Teilchen auf den Backblechen abgedeckt noch einmal etwa 30 Minuten gehen lassen. Inzwischen den Backofen auf 190 °C (Gas Stufe 2–3, Umluft 170 °C) vorheizen.

8 Das Eiweiß leicht anschlagen, die Teigoberflächen damit bestreichen und nach Belieben mit den Körnern und Samen dekorieren. Im Backofen auf der mittleren Schiene 20 bis 30 Minuten backen.

Tipp

Sauerteig finden Sie in Reformhäusern und Naturkostläden. Verwenden Sie den Sauerteig nach Packungsaufschrift.

Eiermann und Osterfrau

1. Das Mehl in eine Schüssel sieben und mit der Trockenhefe, dem Zucker, dem Salz, der Zitronenschale und dem Zimt gut mischen. Das Ei mit der flüssigen Butter und der lauwarmen Milch verrühren, übers Mehl gießen und alle Zutaten zu einem glatten Teig verkneten.

2. Den Teig gut durcharbeiten, zu einer Kugel formen, zurück in die Schüssel legen und abgedeckt etwa 1 Stunde gehen lassen.

3. Inzwischen ein Backblech mit Backpapier auslegen. In Backblechgröße jeweils eine Schablone (z. B. aus Backpapier) von einer rundlichen Frau mit Armen, Zöpfen, Rock, Schuhen und von einem langen, dünnen Mann mit Armen, Haaren, Weste, Hose und ebenfalls Schuhen anfertigen.

4. Den Backofen auf 180 °C (Gas Stufe 2, Umluft 160 °C) vorheizen. Den gegangenen Teig noch einmal durchkneten und gut 1 cm dick ausrollen, die Schablonen darüber legen und ausschneiden. Die Kleidung, Verzierungen, Zöpfe und Arme aus Teigresten formen. Der Mann und die Frau tragen jeweils ein ausgeblasenes Ei unter dem Arm. Alle Teigstückchen mit etwas verquirltem Eigelb auf die Figuren drücken.

5. Das Eigelb mit der Milch verrühren und die Figuren damit bestreichen. Jeweils 2 Sultaninen als Augen einsetzen. Im Backofen auf der mittleren Schiene 20 bis 25 Minuten backen.

6. Die Figuren auf Kuchengittern auskühlen lassen. Mit der roten Zuckerschrift einen Mund malen, die ausgeblasenen Eier vorsichtig durch bunte Ostereier ersetzen und die Figuren nach Belieben mit Gebäckschmuck verzieren.

Für 2 Gebäckstücke
500 g Mehl
1 Pck. Trockenhefe
5 EL Zucker
1 TL Salz
etwas ger. Zitronenschale
2 Msp. gem. Zimt
1 Ei
60 g flüssige Butter
etwa ¼ l lauwarme Milch
1 Eigelb
1 EL Milch
4 Sultaninen
2 ausgeblasene Eier
rote Zuckerschrift
2 hart gekochte, bunt gefärbte Ostereier
bunter Gebäckschmuck

Froher Osterbote

300 g Weizenmehl Type 550

200 g blütenzarte Köllnflocken

½ Würfel Hefe

1 TL Zucker

etwa 200 ml lauwarme Milch

4 EL ger. Gouda

1 fester Apfel (geraspelt)

2 Eier

1 TL ger. Zitronenschale

1 TL Salz

40 g Butter

1 Eigelb

1 EL Milch

hart gekochte, bunt gefärbte Ostereier

1 Das Mehl in eine Schüssel sieben und mit den Köllnflocken mischen. Mit einem Löffel eine Mulde drücken und die Hefe hineinbröckeln. Den Zucker und ein wenig Mehl vom Rand darüber streuen und die Hefe mit etwas lauwarmer Milch glatt rühren.

2 Die Schüssel abdecken und 10 Minuten beiseite stellen. Das gegangene Hefestück mit etwas Mehl bestäuben. Die restliche lauwarme Milch, den geriebenen Käse, den geraspelten Apfel, die Eier, die abgeriebene Zitronenschale, das Salz und die Butter dazugeben.

3 Alle Zutaten zu einem glatten Teig verkneten. Den Teig zu einer Kugel formen, in die Schüssel legen und abgedeckt 30 Minuten ruhen lassen.

4 Währenddessen den Backofen auf 200 °C (Gas Stufe 3, Umluft 180 °C) vorheizen. Ein Backblech mit Backpapier auslegen. Den gegangenen Teig noch einmal durchkneten und auf dem Backblech zu einem großen Osterhasen formen.

5 Den Osterhasen noch einmal 15 Minuten gehen lassen. Das Eigelb mit der Milch verrühren und den Osterhasen damit bestreichen. Im Backofen auf der mittleren Schiene 30 bis 35 Minuten backen. Das Gebäck auf einem Kuchengitter auskühlen lassen. Am Ostertag mit den bunten Ostereiern dekorieren.

Variante

Sie können diesen kräftigen Teig zusätzlich mit 50 Gramm kross gebratenen Schinkenspeckwürfeln oder gehackten Nüssen anreichern.

Rebenkreuz

150 g Roggenmehl Type 997

350 g Weizenmehl Type 550

½ Würfel Hefe

1 TL Zucker

etwa 200 ml lauwarmer Kefir

60 g Rohrzucker

1 TL Salz

6 EL Olivenöl

2 ausgeblasene Eier

1 Eiweiß

2 hart gekochte, bunt gefärbte Ostereier

1 Die beiden Mehlsorten in einer Schüssel mischen. Mit einem Löffel eine Mulde drücken und die Hefe hineinbröckeln. Den Zucker und ein wenig Mehl vom Rand sowie etwas Kefir dazugeben und die Hefe glatt rühren.

2 Die Schüssel abgedeckt 15 Minuten beiseite stellen. Inzwischen den Rohrzucker mit 1 bis 2 EL Wasser bei milder Hitze verflüssigen und mit dem Salz und dem Öl mischen.

3 Das gegangene Hefestück mit etwas Mehl bestäuben. Die Zuckerlösung sowie bis auf einen kleinen Rest den warmen Kefir zum Mehl geben und alle Zutaten zu einem glatten Teig verkneten. Falls der Teig zu fest sein sollte, noch etwas Kefir nachgießen.

4 Den gut durchgearbeiteten Teig zurück in die Schüssel legen und etwa 1 Stunde abgedeckt gehen lassen. Ein Backblech mit Backpapier auslegen. Den Backofen auf 180 °C (Gas Stufe 2, Umluft 160 °C) vorheizen.

5 Den gegangenen Teig halbieren. Eine Hälfte noch einmal durchkneten und zu einer knapp 4 cm breiten und 60 cm langen Rolle formen. Auf dem Backblech zu einem Rechteck legen. Die Enden dabei übereinander legen und gut andrücken.

6 Die zweite Teighälfte ebenfalls noch einmal durchkneten. Zunächst eine etwa 2,5 cm breite Rolle formen und diese längs (von oben nach unten) in der Mitte auf das Rechteck legen. Nun 2 dünnere Rollen formen, zu einer Kordel drehen und im oberen Drittel quer über das Gebäck legen, so dass ein Kreuz entsteht. Die Enden immer gut andrücken.

7 In die beiden oberen Leerräume jeweils ein ausgeblasenes Ei drücken. Aus dem restlichen Teig viele kleine Teigkugeln rollen und daraus eine Weinrebe formen. Diese zwischen dem linken Leerraum anordnen und an den Teigrollen fest andrücken.

8 Das Eiweiß etwas anschlagen und das Rebenkreuz damit bestreichen. Im Backofen auf der mittleren Schiene 20 bis 30 Minuten backen. Die ausgeblasenen Eier durch bunte Ostereier ersetzen.

Tipp

Wenn Sie unterschiedlich geformte Teigstücke übereinander legen, dann bestreichen Sie die beiden Stellen am besten mit etwas Eiweiß oder Eigelb, damit das Gebäck nach dem Backen nicht auseinanderfällt.

Süße Hoppelhasenbilder

1 Das Mehl in eine Schüssel sieben und mit Trockenhefe, Zucker, Orangenschale, Vanillezucker und Salz mischen. Das Ei mit der lauwarmen Milch sowie der flüssigen Butter verrühren und bis auf einen kleinen Rest über das Mehl gießen.

2 Alle Zutaten zu einem glatten Teig verkneten und zurück in die Schüssel legen. Abgedeckt 45 Minuten ruhen lassen.

3 Währenddessen den Knetteig zubereiten. Das Mehl mit Butter, Zucker, Ei und Salz verkneten, zu einer Kugel formen und kühl stellen. Den Backofen auf 180 °C (Gas Stufe 2, Umluft 160 °C) vorheizen.

4 Zwei Backbleche mit Backpapier auslegen. Den Hefeteig halbieren und jedes Stück etwa 3 Millimeter dünn zu einem Rechteck (27 × 33 cm) ausrollen und gerade schneiden. Mit Hilfe der Teigrolle auf das Backblech setzen. Aus dem restlichen Hefeteig lange, dünne Stränge formen, zu schmalen Zöpfen flechten und mit etwas Eigelb um die Rechtecke legen.

5 Das restliche Eigelb mit der Milch verrühren. Die beiden Teigstücke damit bestreichen, die Zöpfe mit Mohnsamen bestreuen.

Beide »Bilderrahmen« auf der mittleren Schiene im Backofen in 20 bis 25 Minuten goldgelb backen.

6 Für die beiden Hasen jeweils eine Schablone anfertigen: einen stehenden Hasen mit einem Korb auf dem Rücken und einen sitzenden Hasen.

7 Den gekühlten Knetteig zwischen Frischhaltefolie dünn ausrollen, die Schablonen darüber legen und ausschneiden. Beide Hasen auf das zweite Backblech legen und auf der mittleren Schiene 15 bis 20 Minuten backen.

8 Den gesiebten Puderzucker mit dem Eiweiß cremig rühren. Nach Belieben in die »Bilderrahmen« (Hoch- und Querformat) vorsichtig ein Loch zum Aufhängen bohren.

9 Die beiden Hasen mit etwas Zuckerguss auf den »Bilderrahmen« festkleben. Den Guss nach Belieben mit Lebensmittelfarbe oder Kakaopulver färben und die Hasen damit verzieren. Die kleinen bunten Ostereier in den »Korb« legen, die Osterhasen mit einigen Zuckerperlen garnieren. Durch die Löcher bunte Bänder zum Aufhängen ziehen.

Für 2 Gebäckstücke
750 g Mehl
2 Pck. Trockenhefe
100 g Zucker
1 TL ger. Orangenschale
1 Pck. Vanillezucker
1 EL Salz
1 großes Ei
etwa ⅜ l lauwarme Milch
80 g flüssige Butter
1 Eigelb
1 EL Milch
4 EL Mohnsamen
250 g Mehl
150 g kalte Butter
100 g Zucker
1 Ei
Salz
200 g Puderzucker
1 Eiweiß
Lebensmittelfarbe
Kakaopulver
kleine bunte Ostereier
bunte Zuckerperlen

Weißer Hase

250 g weiche Butter
200 g Zucker
1 Pck. Vanillezucker
2 Msp. Salz
1 TL ger. Orangenschale
6 Eier
Butter und Grieß für die Form (Hasenform)
400 g Mehl
4 TL Backpulver
3 EL Milch

¼ l Milch
1 Pck. Vanillepuddingpulver
2 Eier
100 g Zucker
250 g Butter (zimmerwarm)
1 Glas Sauerkirschen ohne Stein (370 g)
8–10 EL Kokosflocken
65 g dunkle Kuvertüre
etwas Marzipanrohmasse
rote Lebensmittelfarbe

1 Die weiche Butter mit dem Zucker und dem Vanillezucker schaumig rühren. Das Salz, die Orangenschale und nach und nach die Eier hinzufügen und weiter rühren. Die Hasenform *(Crazy-Backform)* gut mit weicher Butter einfetten und mit etwas Grieß ausstreuen. Den Backofen auf 180 °C (Gas Stufe 2, Umluft 160 °C) vorheizen.

2 Das Mehl mit dem Backpulver über die Butter-Zucker-Mischung sieben und einarbeiten. Zum Schluss die Milch unterheben und den Teig in die Form geben. Im Backofen auf der zweiten Stufe von unten 30 bis 35 Minuten goldgelb backen.

3 Den Kuchen 10 Minuten in der Form ruhen lassen, dann auf ein Kuchengitter stürzen. Den erkalteten Kuchen zum Füllen mit einem großen Messer in der Mitte einmal durchschneiden.

4 Von der Milch 6 EL abnehmen, den Rest zum Kochen bringen. Die abgeschöpfte Milch mit dem Puddingpulver glatt rühren und in die kochende Milch einrühren, einmal aufkochen, dann auf Zimmertemperatur abkühlen lassen.

5 Die Eier mit dem Zucker im heißen Wasserbad schaumig rühren. Anschließend im kalten Eiswürfel-Wasserbad kalt schlagen. Die zimmerwarme Butter schaumig rühren.

6 Den Pudding esslöffelweise zur Butter geben und unterrühren. Zum Schluss den Eierschaum dazugeben. Die Hälfte der Buttercreme auf den unteren Teigboden streichen. Die gut abgetropften Kirschen darüber verteilen.

7 Die zweite Teigplatte darüber legen und leicht andrücken. Den Hasen mit der restlichen Creme bestreichen und mit den Kokosflocken bestreuen. Die Flocken mit Hilfe eines Esslöffels leicht andrücken.

8 Die Kuvertüre klein schneiden und im Wasserbad bei milder Hitze erwärmen. Dann in einen Gefrierbeutel füllen und eine Spitze knapp abschneiden. Die Konturen mit der Kuvertüre nachfahren. Aus der Marzipanrohmasse 2 Augen und 2 Zähne formen, ein kleines Stückchen mit roter Lebensmittelfarbe färben und damit ein lustiges Gesicht bilden.

Gefüllter Osterzopf

500 g Mehl
30 g Hefe
100 g Zucker
etwa ⅛ l lauwarme Milch
125 g weiche Butter
1 TL ger. Zitronenschale
1 Btl. Rum-back
¼ TL Salz
1 Ei
1 Eigelb
100 g gem. Mandeln

200 g Marzipanrohmasse
1 Eiweiß
2–3 EL Rum
100 g Rumrosinen (Fertigprodukt)

150 g Puderzucker
2–3 EL Milch
kleine bunte Ostereier

1 Das Mehl in eine Schüssel sieben. Mit einem Löffel eine Mulde drücken und die Hefe hineinbröckeln. 1 TL Zucker sowie ein wenig Mehl vom Rand dazugeben und die Hefe mit etwas lauwarmer Milch glatt rühren. Die Schüssel abdecken und für 10 Minuten beiseite stellen.

2 Das gegangene Hefestück mit etwas Mehl bestäuben. Den restlichen Zucker, die restliche lauwarme Milch, die Butter, die Zitronenschale, das Rumaroma, das Salz, das Ei sowie das Eigelb und die gemahlenen Mandeln dazugeben. Alle Zutaten zu einem glatten Teig verkneten.

3 Den gut durchgearbeiteten Teig zu einer Kugel formen, in die Schüssel legen und abgedeckt 30 Minuten gehen lassen. Währenddessen ein Backblech mit Backpapier auslegen. Den Backofen auf 180 °C (Gas Stufe 2, Umluft 160°C) vorheizen.

4 Die Marzipanrohmasse mit Eiweiß und Rum zu einer streichfähigen Masse verrühren. Den gegangenen Teig in drei Stücke teilen. Jedes Stück zu einem schmalen Rechteck von 6 × 30 cm ausrollen, jeweils mit einem Drittel des Marzipans bestreichen, mit einigen Rumrosinen bestreuen und längs aufrollen.

5 Aus den drei gefüllten Teigrollen auf dem Backblech einen Zopf flechten, mit etwas lauwarmem Wasser bestreichen und noch einmal 15 Minuten ruhen lassen. Dann im Backofen auf der mittleren Schiene 35 bis 45 Minuten backen.

6 Den Zopf auf einem Kuchengitter auskühlen lassen. Den gesiebten Puderzucker mit der Milch dickflüssig-cremig rühren, den Zopf damit bestreichen und dicht mit den kleinen Ostereiern belegen, diese leicht andrücken.

Tipp

Hefeteig gelingt nur, wenn alle Zutaten zimmerwarm sind. Den Teig immer gut durchkneten, bis er nicht mehr an den Händen klebt. Ist der Teig zu trocken, noch etwas lauwarme Flüssigkeit dazugießen. Ist der Teig zu klebrig, einfach noch ein wenig Mehl darüber streuen und alles gut durchkneten.

Oberhase und drei Häschen

1. Die Buttermilch mit der zerbröckelten Hefe sowie dem Zucker verrühren und 15 Minuten ruhen lassen. Währenddessen das Mehl mit der Speisestärke, dem Kakaopulver und dem Puderzucker in eine Schüssel sieben.

2. Die Hefemilch dazu gießen und kurz unterrühren. Das Ei, die flüssige Butter und das Salz hinzufügen und alle Zutaten zu einem glatten Teig verkneten. Den Teig zu einer Kugel formen und zurück in die Schüssel legen. Die Schüssel abdecken und den Teig 45 Minuten gehen lassen.

3. Ein Backblech mit Backpapier auslegen. Den Backofen auf 180 °C (Gas Stufe 2, Umluft 160 °C) vorheizen. Den gegangenen Teig noch einmal durchkneten.

4. Den Teig etwa 1,5 cm dick ausrollen und daraus aus einem großen Oval (»Bauch«), einem etwas kleineren Kreis (»Kopf«) und zwei Ohren einen großen Hasen zusammensetzen. Nehmen Sie dafür etwas verrührtes Eigelb zu Hilfe. Die ausgeblasenen Eier am unteren Rand in den großen Hasen drücken. Aus den Teigresten 3 kleine Hasen formen und auf das Backblech setzen.

5. Die Hasen auf der mittleren Schiene im Backofen 20 bis 30 Minuten goldgelb backen und auf Kuchengittern auskühlen lassen. Die dunkle und die weiße Kuvertüre klein schneiden und getrennt im Wasserbad bei milder Hitze verflüssigen.

6. Die ausgeblasenen Eier entfernen. Den Oberhasen mit der dunklen Kuvertüre überziehen. Wenn diese etwas angetrocknet ist die weiße Kuvertüre in einen Gefrierbeutel füllen, eine Spitze knapp abschneiden und mit der weißen Kuvertüre die Konturen nachziehen.

7. Mit der Zuckerschrift Augen, Nase und Mund zeichnen. Den Oberhasen mit Gebäckschmuck und Schokostreuseln verzieren. Die Mandeln als Hasenzähne am »Mund« ansetzen. Zum Schluss die bunten Ostereier in die Vertiefungen legen. Die kleinen Hasen nach Belieben garnieren.

Für 1 großes und 3 kleine Gebäckstücke

¼ l lauwarme Buttermilch
½ Würfel Hefe
1 TL Zucker
400 g Mehl
100 g Speisestärke
1 EL Kakaopulver
125 g Puderzucker
1 Ei
75 g flüssige Butter
½ TL Salz
1 Eigelb
3 ausgeblasene Eier

150 g dunkle Kuvertüre
50 g weiße Kuvertüre
bunte Zuckerschrift
bunter Gebäckschmuck
Schokostreusel
2 ganze, geschälte Mandeln
3 hart gekochte, bunt gefärbte Ostereier

Fruchtiger Osterkranz

⅛ l lauwarme Milch
1 Pck. Trockenhefe
500 g Mehl
80 g Zucker
100 g Sonnenblumenkerne
200 g getrocknete Aprikosen
1 Pck. Vanillezucker
80 g weiche Butter
2 Eier
1 TL Salz

2 EL Honig
1 EL süße Sahne
50 g Butter
50 g Sonnenblumenkerne

hart gekochte, bunt gefärbte Ostereier oder bunte, süße Eier zum Verzieren

1 Die Milch mit der Trockenhefe verrühren und 15 Minuten ruhen lassen. Inzwischen das Mehl in eine Schüssel sieben und mit dem Zucker mischen.

2 Die Sonnenblumenkerne in einer trockenen Pfanne rösten, kurz abkühlen lassen. Die Aprikosen waschen, trockenreiben und fein würfeln. Die Sonnenblumenkerne mit den Aprikosen, dem Vanillezucker, der Butter, den Eiern und dem Salz sowie der Hefemilch zum Mehl geben.

3 Alle Zutaten zu einem geschmeidigen Teig verkneten, in die Schüssel legen und abgedeckt 30 Minuten gehen lassen.

4 Den Backofen auf 200 °C (Gas Stufe 3, Umluft 180 °C) vorheizen. Ein Backblech mit Backpapier auslegen. Den gegangenen Teig noch einmal durchkneten und zu drei gleich langen Rollen formen. Daraus einen Zopf flechten, auf das Backblech legen und zu einem Kranz formen.

5 Den Osterkranz noch einmal abgedeckt 20 Minuten gehen lassen. Dann auf der mittleren Schiene 30 bis 35 Minuten backen.

6 Für die Glasur den Honig, die Sahne und die Butter mit den Sonnenblumenkernen erwärmen und abkühlen lassen. Etwa 10 Minuten vor Ende der Backzeit den Kranz mit der Masse mehrmals bestreichen und fertig backen. Den abgekühlten Osterkranz mit bunt gefärbten, hart gekochten Eiern oder bunten, süßen Eiern füllen.

Osterlamm

100 g weiche Butter
80 g Zucker
1 Pck. Vanillezucker
1 Prise Salz
1 Msp. gem. Zimt
etwas ger. Zitronenschale
1 Ei (zimmerwarm)
1 Eigelb
185 g Mehl
1 TL Backpulver
3–5 EL Milch
Butter und Grieß für die Form (Lämmchenform)

Puderzucker zum Bestäuben
2 Gewürznelken für die Augen
1 rotes Band mit Glöckchen
1 kleiner grüner Zweig

1 Die Butter mit dem Zucker, dem Vanillezucker, etwas Salz, Zimt und der abgeriebenen Zitronenschale sehr schaumig rühren.

2 Das Ei mit dem Eigelb einrühren. Das Mehl mit dem Backpulver darüber sieben und unterrühren. Nur soviel Milch zum Teig geben, bis er schwer reißend vom Löffel fällt.

3 Den Backofen auf 180 °C (Gas Stufe 2, Umluft 160 °C) vorheizen. Die Lämmchenform aufgeklappt sorgfältig mit weicher Butter einfetten und mit Grieß ausstreuen. Die Form wieder zusammenklappen.

4 Den Teig einfüllen und die Form auf der zweiten Schiene von unten im Backofen 25 bis 30 Minuten backen. Mit einem Holz- oder Metallspieß an der höchsten Stelle ins Gebäck stechen. Bleibt der Spieß trocken, ist das Osterlamm fertig.

5 Das Gebäck 15 Minuten in der Form ruhen lassen, dann auf ein Kuchengitter stürzen und vollständig auskühlen lassen.

6 Das Osterlamm dick mit gesiebtem Puderzucker bestäuben. Die Gewürznelken als »Augen« in den Kuchen stecken. Das Band um den Hals binden und einen kleinen Zweig ins Mäulchen stecken.

Variante

Verkneten Sie 200 Gramm Marzipanrohmasse mit 1 Eiweiß und 4 EL Puderzucker. Dann formen Sie aus ein wenig Marzipan 2 Lammohren. Den Rest des Marzipans drücken Sie durch ein Sieb. Die Ohren mit etwas Eiweiß fixieren. Die Marzipankringel aus dem Sieb mit Eiweiß am Kopf und am Körper des Lamms als Pelz andrücken. Anschließend das ganze Lamm mit etwas Puderzucker bestäuben.

Frühlingsbaum

500 g Mehl
½ Würfel Hefe
1 TL Zucker
etwa ¼ l lauwarme Milch
1 TL Salz
50 g Rohrzucker
1 TL gem. Zimt
1 Eigelb

3 EL Puderzucker
einige Tropfen heißes Wasser
weiße und rosa Zuckerblümchen
Heu oder Ostergras
kleine bunte Ostereier
kleine Schokoladenosterhasen
kleine Deko-Figuren

1 Das Mehl in eine Schüssel sieben. Mit einem Löffel eine Mulde drücken und die Hefe hineinbröckeln. Den Zucker sowie etwas Mehl vom Rand dazugeben und die Hefe mit ein wenig lauwarmer Milch glatt rühren. Die Schüssel abdecken und für 10 Minuten beiseite stellen.

2 Das gegangene Hefestück mit etwas Mehl bestäuben, das Salz, den Rohrzucker, den Zimt sowie die restliche lauwarme Milch dazugeben. Alle Zutaten zu einem glatten Teig verkneten.

3 Den gut durchgearbeiteten Teig zurück in die Schüssel legen und abgedeckt etwa 30 Minuten gehen lassen. Ein Backblech mit Backpapier auslegen. Den Backofen auf 180 °C (Gas Stufe 2, Umluft 160 °C) vorheizen.

4 Aus Backpapier eine Schablone für einen fast backblechgroßen Baum fertigen. Den Teig etwa 5 Millimeter dick auf dem Backblech ausrollen und mit Hilfe der Schablone den Baum ausschneiden.

5 Aus dem Teigrest Blätter ausschneiden. Das Eigelb mit etwas Wasser verrühren, den Baum damit bestreichen und die Blätter festkleben. Im Backofen auf der mittleren Schiene 25 bis 30 Minuten goldgelb backen. Den Baum auf einem Kuchengitter auskühlen lassen.

6 Den gesiebten Puderzucker mit einigen Tropfen heißem Wasser cremig rühren. Die bunten Zuckerblüten mit etwas Zuckerguss in der Baumkrone festkleben.

7 Für eine Tischdekoration den Baum in eine Schale stellen (einen stabilen Pappstreifen hinten befestigen), diese mit Heu oder Ostergras füllen und die Ostereier, Osterhasen und Deko-Figuren dekorativ darin anordnen.

Tipp

Den Frühlingsbaum können Sie zusätzlich mit bunten Kreppbändern verzieren.

Lustige Hühnerfamilie

Für 2 große und 3 kleine Gebäckstücke

400 g Magerquark	
8 EL Milch	
12 EL Keimöl	
120 g Zucker	
1 EL Salz	
1 TL ger. Zitronenschale	
1 Pck. Vanillezucker	
2 Eier	
750 g Mehl	
1 Würfel Hefe	

3 EL flüssige Butter
3 EL Zucker
1 großer Apfel
100 g gem. Mandeln
1 Ei
einige Rosinen für die Augen

250 g Puderzucker
3–4 EL Milch
Lebensmittelfarben
bunte Zuckerschrift
bunte Zuckerperlen
Kokosflocken

1 Den Quark in einem Sieb etwa 1 Stunde abtropfen lassen. Anschließend mit der Milch und dem Öl verrühren. Den Zucker, das Salz, die Zitronenschale, den Vanillezucker und die Eier dazugeben und kurz mischen. Das Mehl darüber sieben und die Hefe übers Mehl bröckeln.

2 Alle Zutaten zu einem glatten Teig verkneten und zu einer Kugel formen. Die Teigkugel abgedeckt 1 Stunde gehen lassen. Inzwischen 2 Backbleche mit Backpapier auslegen.

3 Für die Füllung die Butter mit dem Zucker verrühren. Den gewaschenen und geschälten Apfel fein dazuraspeln und die Mandeln hinzufügen. Alle Zutaten mischen. Für die Hühnerfamilie auf Backpapier oder Pappe einen großen Hahn, eine Henne sowie drei Küken aufmalen und ausschneiden. Den Backofen auf 180 °C (Gas Stufe 2, Umluft 160 °C) vorheizen.

4 Den gegangenen Teig halbieren und die Hälften jeweils dünn ausrollen. Die Füllung auf eine Teigplatte streichen, die zweite Teigplatte darüber legen und gut andrücken. Den Teig um gut die Hälfte größer ausrollen und die Hühnerfamilie mit Hilfe der Schablonen ausschneiden.

5 Die Hühnerfamilie auf die Backbleche legen. Das Ei mit einigen Tropfen Wasser verrühren und die Teigoberflächen damit bestreichen. Die Rosinen als Augen in den Teig drücken. Nacheinander im Backofen auf der mittleren Schiene 20 bis 30 Minuten backen und auf Kuchengittern auskühlen lassen.

6 Den gesiebten Puderzucker mit der Milch und etwas Wasser cremig rühren. Etwas Guss auf kleine Schälchen verteilen und mit Lebensmittelfarbe rot, rosa, braun, grün und blau färben. Die Hühnerfamilie mit dem weißen Guss bestreichen, dann nach Geschmack und Fantasie mit buntem Guss, bunter Zuckerschrift, Zuckerperlen und Kokosflocken verzieren.

Tipp

Wenn Sie nicht sehr geschickt im Zeichnen sind, dann suchen Sie sich aus Kinder- oder Bastelbüchern Vorlagen für einen Hahn, eine Henne, Küken, aber auch für stehende und hockende Hasen und andere Figuren. Im Copy-Shop können Sie sich Ihre Lieblingsmotive beliebig vergrößern lassen.

Foto Seite 14

Lämmchen auf der Wiese

1 Das Mehl mit der Trockenhefe, dem Zucker und dem Vanillezucker in einer Schüssel mischen. Die Orangenschale und das Safranpulver mit der lauwarmen Milch verrühren. Die Butter darin schmelzen. Das Ei und das Salz einrühren und über die Mehlmischung gießen.

2 Alle Zutaten zu einem glatten Teig verkneten. Den Teig zu einer Kugel formen und abgedeckt 45 Minuten ruhen lassen.

3 Inzwischen auf einem Karton zwei liegende Lämmchen (12 × 9 cm) und ein schmales Stück »Wiese« (30 × 5 cm) aufzeichnen und ausschneiden.

4 Zwei Backbleche mit Backpapier auslegen. Den Backofen auf 200 °C (Gas Stufe 3, Umluft 180 °C) vorheizen. Den gegangenen Teig noch einmal durchkneten und portionsweise zwischen Frischhaltefolie etwa 1 cm dick ausrollen. Die beiden Lämmchen und die Wiese mit Hilfe der Schablonen aus dem Teig ausschneiden. Die Figuren auf die Backbleche legen.

5 Aus dem restlichen Teig knapp 1 cm dicke Stränge formen und daraus einen Zaun (25 × 10 cm) bilden. Auf ein Backblech legen. Das Eigelb mit einigen Tropfen Wasser verrühren, alle Teile damit bestreichen und 15 Minuten ruhen lassen. Nacheinander im Backofen 20 bis 30 Minuten backen.

6 Das Gebäck auf Kuchengittern auskühlen lassen. 6 EL Puderzucker mit dem Kakaopulver in ein Schälchen sieben und mit einigen Tropfen heißem Wasser glatt rühren. Den Zaun damit »anmalen«.

7 Weitere 6 EL Puderzucker mit etwas heißer Milch und grüner Lebensmittelfarbe färben und die »Wiese« damit einfärben. Mit Zuckerblümchen und Ostereiern garnieren.

8 Den restlichen Puderzucker durchsieben, mit heißer Milch cremig rühren, die Lämmchen damit bestreichen und die blauen Smarties als Augen andrücken. Die getrockneten Gebäckstücke nach Belieben zusammenlegen.

Für 4 Gebäckstücke

- 750 g Mehl
- 2 Btl. Trockenhefe
- 5 EL Zucker
- 2 Pck. Vanillezucker
- 1 TL ger. Orangenschale
- 2 Msp. Safranpulver
- etwa 350 ml lauwarme Milch
- 80 g Butter
- 1 Ei
- ½ TL Salz
- 1 Eigelb

- 250 g Puderzucker
- 1 TL Kakaopulver
- etwas heiße Milch
- grüne Lebensmittelfarbe
- Zuckerblümchen
- kleine bunte Ostereier
- 2 blaue Smarties

Österliches Kleingebäck

Wer sagt denn, dass knusprige und zarte Plätzchen nur zu Weihnachten gebacken werden dürfen? Während der Osterfeiertage werden zu jeder Tageszeit von Jung und Alt nicht nur Ostereier gegessen. Alle freuen sich auf die leckeren Kekse aus der eigenen Backstube.

Pistazien-Marzipan-Plätzchen

Für etwa 30 Stück

- 200 g Mehl
- 50 g gem. Mandeln
- 1 Msp. Salz
- ger. Zitronenschale
- 150 g kalte Butter
- 80 g Zucker, 1 Eigelb
- 200 g Marzipanrohmasse
- 40 g gem. Pistazien
- 1 Ei, 40 g Puderzucker
- 1–2 EL Rum
- 6 EL Aprikosenkonfitüre
- 1 EL Zitronensaft
- kleine bunte Ostereier und -hasen

1 Das Mehl in eine Schüssel sieben. Die gemahlenen Mandeln, das Salz, etwas Zitronenschale, die kalte Butter in Flöckchen, den Zucker und das Eigelb dazugeben. Alle Zutaten zu einem glatten Teig verkneten. Den Teig zu einer Kugel formen und 30 Minuten kühl stellen. Ein Backblech mit Backpapier auslegen.

2 Den gekühlten Teig portionsweise zwischen Frischhaltefolie etwa 4 Millimeter dick ausrollen und mit einem blütenförmigen Ausstecher Plätzchen ausstechen und auf das Backblech legen. Den Backofen auf 180 °C (Gas Stufe 2, Umluft 160 °C) vorheizen.

3 Die Marzipanrohmasse mit den Pistazien, dem Ei, Puderzucker sowie Rum zu einer spritzfähigen Masse verrühren. Das Pistazienmarzipan in einen Spritzbeutel mit Sterntülle füllen und auf den Rand der Blütenplätzchen kleine Tupfer spritzen. Im Backofen auf der mittleren Schiene 12 bis 15 Minuten backen.

4 Die Plätzchen auf Kuchengittern auskühlen lassen. Währenddessen die Aprikosenkonfitüre durch ein feines Sieb streichen und mit etwas Zitronensaft glattrühren. Das Gebäck mit der Konfitüre dünn bestreichen und abwechselnd in die Mitte ein paar Ostereier und Osterhasen setzen.

Foto Seite 40

Knusperhasen

Für etwa 30 Stück

- 150 g weiche Butter
- 60 g Zucker, 2 Msp. Salz
- 1 Ei, 1 EL Orangenlikör
- 1 TL ger. Orangenschale
- 200 g Mehl
- 50 g Speisestärke
- 1 EL Kakaopulver
- 30 g gem. Haselnüsse
- 150 g dunkle Kuvertüre
- 2–3 EL geh. Mandeln

1 Butter mit Zucker schaumig rühren. Salz, Ei, Orangenlikör, Orangenschale, Mehl, Speisestärke, Kakaopulver und gemahlene Haselnüsse dazugeben und alles zu einem glatten Teig verkneten. Den Teig zu einer Kugel formen, in Frischhaltefolie wickeln und 3 Stunden kühl stellen.

2 Zwei Backbleche mit Backpapier auslegen. Den Backofen auf 200 °C (Gas Stufe 3, Umluft 180 °C) vorheizen. Den Teig zwischen Frischhaltefolie 3 Millimeter dick ausrollen, Hasenformen ausstechen und auf die Backbleche legen. Im Backofen nacheinander auf der mittleren Schiene 10 bis 12 Minuten backen.

3 Die Kuvertüre klein schneiden und im Wasserbad bei milder Hitze verflüssigen. Die erkalteten Hasen damit bestreichen und einige Mandelstückchen als Augen und Schwanzpuschel andrücken.

Foto Seite 40

Süße Osterplätzchen

1 Das Mehl in eine Schüssel sieben, das Salz, den Zucker, den Vanillezucker, die Zitronenschale, die gemahlenen Mandeln, das Ei und die kalte Butter in Flöckchen dazugeben. Alle Zutaten zu einem glatten Teig verkneten.

2 Den Teig zu einer Kugel formen, in Frischhaltefolie wickeln und 1 Stunde kühl stellen. Den Backofen auf 180 °C (Gas Stufe 2, Umluft 160 °C) vorheizen. Zwei Backbleche mit Backpapier auslegen.

3 Den Teig portionsweise zwischen Frischhaltefolie etwa 3 Millimeter dick ausrollen. Mit verschiedenen großen und kleinen Hasen-, Ei- und Blütenformen Plätzchen ausstechen und auf die Backbleche legen.

4 Die Plätzchen auf der mittleren Schiene im Backofen in 12 bis 15 Minuten goldgelb backen. Anschließend auf Kuchengittern auskühlen lassen.

5 Den gesiebten Puderzucker mit dem Eiweiß und etwas Zitronensaft zu einem dicklichen Guss verrühren. Den Guss auf kleine Schälchen verteilen und nach Belieben mit Lebensmittelfarbe rot, rosa, hell- und dunkelgrün, braun und blau färben.

6 Das Gebäck mit Zuckerguss bestreichen und mit bunter Zuckerschrift, winzigen und großen Zuckerperlen, süßem Gebäckschmuck, Schokostreuseln, Kokosflocken und gehackten Pistazien verzieren.

Für etwa 40 Stück
350 g Mehl
2 Msp. Salz
150 g Zucker
1 Pck. Vanillezucker
etwas ger. Zitronenschale
100 g gem. Mandeln
1 Ei
250 g kalte Butter
350 g Puderzucker
1 Eiweiß
etwas Zitronensaft
Lebensmittelfarben
bunte Zuckerschrift
bunte Zuckerperlen
bunte größere Zuckerperlen und -blümchen
Schokostreusel
Kokosflocken
gehackte Pistazien

Gefüllte Mohnhasen

Für 8 Stück
500 g Mehl
1 Pck. Trockenhefe
1 Btl. Orange-back oder ger. Orangenschale
1 Msp. Salz
75 g Zucker
225 ml lauwarme Milch
125 g weiche Butter
1 Ei
1 Eigelb
1 Btl. Mohn-back
1 Btl. Citro-back oder ger. Zitronenschale
100 g geh. Mandeln
100 g Crème fraîche
Mehl für die Arbeitsfläche
1 Eiweiß
1 Ei
1 EL Milch
200 g Puderzucker
2–3 EL Zitronensaft
bunte Lebensmittelfarbe
1 Pck. Gebäckschmuck (z. B. von Schwartau)

1 Das gesiebte Mehl mit der Trockenhefe, dem Orangenaroma oder der Orangenschale, etwas Salz und dem Zucker in einer Schüssel mischen. Die lauwarme Milch mit der weichen Butter, dem Ei sowie dem Eigelb hinzufügen und alle Zutaten zu einem geschmeidigen Teig verkneten.

2 Den Teig zu einer Kugel formen, zurück in die Schüssel legen, abdecken und 30 bis 45 Minuten ruhen lassen, bis sich das Teigvolumen verdoppelt hat.

3 Inzwischen für die Füllung den Mohn mit dem Zitronenaroma oder der Zitronenschale, den Mandeln und der Crème fraîche verrühren.

4 Den gegangenen Hefeteig noch einmal durchkneten und auf einer bemehlten Fläche etwa 5 Millimeter dick ausrollen. Für vier große Hasen jeweils acht Kreise mit einem Durchmesser von 10, 6 und 2 cm sowie acht Hasenohren ausschneiden. Den Backofen auf 180 °C (Gas Stufe 2, Umluft 160 °C) vorheizen. Zwei Backbleche mit Backpapier auslegen.

5 Für vier kleine Hasen jeweils acht Kreise mit einem Durchmesser von 6, 4,5 und 1 cm sowie acht Hasenohren ausschneiden. Die Hasen wie folgt füllen: Für die großen Hasen auf vier große und vier mittlere Kreise jeweils 1 EL Mohnmasse setzen, dabei einen kleinen Rand frei lassen.

6 Für die kleinen Hasen auf vier große und vier mittlere Kreise jeweils 1 TL Mohnmasse setzen. Alle Ränder mit etwas Eiweiß bestreichen. Die passenden Teigkreise übereinander legen und gut andrücken. Die kleinen Kreise als Füße rechts und links unten am Bauch, die Hasenohren am Kopf mit Eiweiß ankleben.

7 Die gefüllten Hasen auf die Backbleche legen und abgedeckt 15 Minuten ruhen lassen. Das Ei mit etwas Milch verrühren und die Hasen damit bestreichen. Nacheinander im Backofen auf mittlerer Schiene 20 bis 30 Minuten backen.

8 Die Hasen auf Kuchengittern auskühlen lassen. Den gesiebten Puderzucker mit etwas Zitronensaft cremig rühren und einen Teil bunt färben. Die Hasen mit Zuckerguss und Gebäckschmuck nach Belieben verzieren.

Ostersonntag-Muffins

Für 12 Stück

- 150 g Weizenmehl Type 550
- 1 ½ TL Backpulver
- 50 g gem. Haselnüsse
- 60 g Rohrzucker
- ½ Pck. Vanillezucker
- 1 TL gem. Zimt
- etwas ger. Orangenschale
- 1 Msp. Salz
- 1 Ei
- 200 ml Möhrensaft
- 3 EL flüssige Butter
- 100 g ger. Möhren

- 150 g Puderzucker
- 2 EL Rum
- 1 EL Möhrensaft
- 100 g Marzipanrohmasse
- 4 EL Puderzucker
- etwa 2 EL Mandelblättchen
- 12 kleine Gewürznelken
- blaue, rote und gelbe Lebensmittelfarbe
- 6 ungesalzene Pistazien

1 Das Mehl mit dem Backpulver in eine Schüssel sieben und mit den gemahlenen Haselnüssen, dem Zucker, dem Vanillezucker, dem Zimt, der Orangenschale und dem Salz mischen.

2 Das Ei mit dem Möhrensaft und der flüssigen Butter verrühren. Über die Mehlmischung gießen, die geriebenen Möhren hinzufügen und alle Zutaten zu einem glatten Teig vermengen.

3 Den Backofen auf 180 °C (Gas Stufe 2, Umluft 160 °C) vorheizen. Das Muffinblech mit Papierförmchen bestücken und den Teig einfüllen. Im Backofen auf der mittleren Schiene 15 bis 20 Minuten backen.

4 Die Muffins 10 Minuten in der Form ruhen lassen, dann lösen und auf Kuchengittern vollständig auskühlen lassen. Für den Guss den gesiebten Puderzucker mit dem Rum und dem Möhrensaft cremig rühren.

5 Die Marzipanmasse mit dem gesiebten Puderzucker verkneten. Daraus jeweils 12 kleinere und 12 etwas größere Kugeln formen und mit halbierten Zahnstochern zu kleinen Häschen zusammensetzen. Jeweils 2 schöne Mandelblättchen an jeden Kopf als Ohren setzen und jeweils 1 Gewürznelke als Schnäuzchen in der Mitte des Kopfes platzieren. Mit blauer Lebensmittelfarbe den Hasen Augen malen.

6 Das restliche Marzipan mit wenig Lebensmittelfarbe orangerot färben, zu 12 kleine Möhren formen und mit einem Messer einige Querstreifen anbringen. Die Pistazien der Länge nach in Stifte schneiden und am dicken Ende in die Marzipanmöhren stecken.

7 Die abgekühlten Muffins mit etwas Guss bestreichen und mit jeweils 1 Häschen und 1 Möhre verzieren.

Tipp

Wenn Sie kein Muffinblech besitzen, dann backen Sie dieses in Amerika so beliebte Gebäck in doppelten Papierförmchen oder in kleinen Kuchenförmchen aus Metall.

Foto Seite 40

Erdbeerküsschen

1 Ein Backblech mit Backpapier auslegen. Den Backofen auf 80 °C (Gas kleinste Flamme, Umluft 80 °C) vorheizen. Die beiden Eiweiße mit dem Zitronensaft und dem Salz steif schlagen. Nach und nach den Zucker einrieseln lassen und weiter schlagen, bis die Masse schnittfest ist.

2 Die Konfitüre durch ein feines Sieb streichen und vorsichtig unter den Eischnee heben. Mit Hilfe zweier Teelöffel kleine Häufchen auf das Backblech setzen. Im Backofen auf der mittleren Schiene 1 bis 1½ Stunden trocknen lassen. Die Backofentür durch einen Holzlöffel leicht geöffnet halten.

3 Die Erdbeerküsschen auf Kuchengittern auskühlen lassen. Währenddessen die zerkleinerte Kuvertüre bei milder Hitze verflüssigen. Die Unterseiten der Baisers damit bestreichen und trocknen lassen.

Tipp

Sie können diese zarten Baisers zusätzlich mit etwas Lebensmittelfarbe rosa färben.

Für etwa 25 Stück

2 Eiweiß (Gew.-Kl. XL, gut gekühlt)

½ TL Zitronensaft

1 Msp. Salz

80 g feiner Zucker

2 EL Erdbeerkonfitüre

100 g dunkle Kuvertüre

Beschwipste Savarins

Für 8 Stück

250 g Mehl
½ Würfel Hefe
2 TL Zucker
3–4 EL lauwarme Milch
2 Eier
1 Msp. Salz
60 g weiche Butter
Butter für die Förmchen

125 ml Erdbeerlikör

500 g Erdbeeren
1 EL Zucker
2 EL frisch gepresster Orangensaft
4 Stengel Pfefferminze
250 g süße Sahne
2 EL grüner Pfefferminzlikör
50 g ungesalzene Pistazien

1 Das Mehl in eine Schüssel sieben. Mit einem Löffel eine Mulde drücken und die Hefe hineinbröckeln. 1 TL Zucker und ein wenig Mehl vom Rand darüber streuen und mit 3 EL Milch die Hefe glatt rühren.

2 Die Schüssel abdecken und 10 Minuten beiseite stellen. Das gegangene Hefestück mit etwas Mehl bestäuben. Den restlichen Zucker, die Eier, das Salz und die weiche Butter dazugeben. Alle Zutaten zu einem weichen Teig verrühren. Eventuell noch etwas Milch dazugießen.

3 Den Teig in der Schüssel abgedeckt 30 Minuten ruhen lassen. Währenddessen 8 Savarinförmchen (Durchmesser 10 cm) gut mit weicher Butter einfetten. Den Backofen auf 200 °C (Gas Stufe 3, Umluft 180 °C) vorheizen.

4 Den gegangenen Teig noch einmal kräftig mit einem Holzlöffel schlagen, dann in die Förmchen füllen und noch einmal 15 Minuten gehen lassen. Im Backofen auf der mittleren Schiene 25 bis 30 Minuten backen.

5 Die Savarins 10 Minuten in den Förmchen auskühlen lassen, dann auf Kuchengitter stürzen. Den Erdbeerlikör in eine weite Auflaufform gießen und die Savarins mit der runden Seite hineinsetzen.

6 Wenn das Gebäck die Flüssigkeit aufgesogen hat, auf eine große Kuchenplatte legen. Die Erdbeeren putzen, waschen und je nach Größe halbieren oder vierteln.

7 Die Früchte mit dem Zucker und dem Orangensaft mischen und kurz durchziehen lassen. Die Pfefferminzblättchen in Streifen schneiden, einige schöne Blättchen beiseite legen.

8 Die süße Sahne steif schlagen, den Likör und die Minzestreifen unterheben. Die Pistazien sehr fein hacken und großzügig über die Savarins streuen. Die Erdbeeren in die Savarins löffeln, mit Sahnetupfern und Pfefferminzblättchen garnieren.

Kleine Marzipanfiguren

Für etwa 25 Stück

200 g Marzipanrohmasse
200 g Puderzucker
1 Btl. Rum-back
1 EL Rosenwasser
Puderzucker für die Arbeitsfläche

180 g Puderzucker
2–3 EL Zitronensaft
50 g Mandelstifte
50 g Mandelblättchen
50 g Haselnuss-Krokant

Dekor-Schnee oder Puderzucker

1 Die Marzipanrohmasse klein schneiden und mit dem gesiebten Puderzucker, dem Rumaroma sowie dem Rosenwasser verkneten.

2 Etwas Puderzucker auf die Arbeitsfläche streuen und die Marzipanrohmasse darauf 0,5 bis 1 cm dick ausrollen.

3 Beliebige kleine Figuren ausstechen oder mit Hilfe von selbst angefertigten Schablonen ausschneiden und auf eine glatte Unterlage (Backblech o. ä.) setzen.

4 Den Puderzucker in eine Schüssel sieben und mit Zitronensaft und einigen Tropfen heißem Wasser cremig rühren. Die Figuren mit dem Zuckerguss bestreichen und sofort mit Mandelstiften, Mandelblättchen und Haselnuss-Krokant bestreuen.

5 Die Marzipanfiguren am besten über Nacht trocknen lassen, dann großzügig mit Dekor-Schnee oder gesiebtem Puderzucker bestreuen.

Variante

Wollen Sie die Figuren backen, dann rollen Sie das Marzipan etwa 5 Millimeter dick aus, stechen oder schneiden die Formen aus und backen sie bei 160 °C (Gas Stufe 1, Umluft 140 °C) 10 bis 15 Minuten recht hell. Anschließend mit dem Zuckerguss bestreichen und garnieren.

Pikante Eier im Schlafrock

Für 8 Stück

60 g Butter
¼ TL Salz
150 g Mehl
3–4 Eier

1 kleine Zwiebel
50 g geräucherter Wildlachs
2 hart gekochte Eier
150 g Doppelrahmfrischkäse
Salz
Pfeffer aus der Mühle
2–3 EL Zitronensaft
1 TL Senf
4 EL geh. Dill
125 g süße Sahne

1 250 ml Wasser mit der Butter und dem Salz zum Kochen bringen. Das Mehl auf einmal dazugeben und solange rühren und erhitzen, bis sich auf dem Topfboden ein weißer Belag gebildet hat.

2 Den Brandteig in eine Schüssel umfüllen und ein Ei nach dem anderen einrühren. Der Teig ist richtig, wenn er beim Schlagen lange Spitzen bildet.

3 Während der Teig ruht, ein Backblech mit Backpapier auslegen. Den Backofen auf 200 °C (Gas Stufe 3, Umluft 180 °C) vorheizen. Den Teig in einen Spritzbeutel mit weiter Zackentülle füllen und acht dicke Tupfen auf das Backblech spritzen. Oder mit Hilfe von zwei Esslöffeln acht Häufchen auf das Blech setzen.

4 Die Windbeutel im Backofen auf der zweiten Schiene von unten 20 bis 25 Minuten backen. Die fertigen Windbeutel auf Kuchengittern auskühlen lassen. Vorher mit einem scharfen Messer aufschneiden.

5 Für die Füllung die Zwiebel schälen und sehr fein würfeln. Den Räucherlachs fein hacken. Die Eier pellen und mit dem Eierschneider würfeln.

6 Den Doppelrahmfrischkäse mit Salz, Pfeffer, Zitronensaft, Senf und Dill verrühren. Die Sahne steif schlagen und unterheben. Zum Schluss die Zwiebeln, den Lachs und die Eier dazugeben und die Windbeutel damit füllen.

Variante

Keinen Appetit auf Eierspeisen? Dann füllen Sie die Windbeutel doch einfach mit einer herzhaften Kräutercreme. Dafür 200 Gramm Doppelrahmfrischkäse mit Jogurt cremig rühren, mit Salz, Pfeffer und Knoblauchzehen würzen. Diese Creme mit 2 EL feinsten Schinkenwürfeln (oder Oliven und Walnüssen) und 8 EL gemischten, gehackten Kräutern verrühren und in die Windbeutel füllen.

Kleine Spinatpizzas mit Ei

1. Das Mehl mit der Speisestärke und dem Backpulver in einer Schüssel mischen. Das Öl, den Quark sowie das Salz hinzufügen und zu einem glatten Teig verkneten.

2. Ein Backblech mit Backpapier auslegen. Den Teig in acht Stücke teilen, rund formen, einen kleinen Rand hochziehen und auf das Backblech setzen. Den Teig 30 Minuten ruhen lassen. Den Backofen auf 200 °C (Gas Stufe 3, Umluft 180 °C) vorheizen.

3. Für den Belag die Tomaten in einem Sieb abtropfen lassen, anschließend würfeln. Den Spinat putzen, waschen und tropfnass in einem Topf bei großer Hitze zusammenfallen lassen. Danach gut ausdrücken und mit Salz und Pfeffer würzen. Den Spinat mit den Pinienkernen mischen.

4. Die Tomaten auf den Pizzaböden verteilen und mit Salz und Pfeffer würzen. Den Spinat darüber legen und mit dem Käse bestreuen. Im Backofen auf der untersten Stufe 20 bis 25 Minuten backen.

5. Vor dem Ende der Backzeit die Butter in einer Pfanne erhitzen und die Eier als Spiegeleier braten. Mit Salz, Pfeffer und etwas Paprikapulver bestreuen und auf die heißen Pizzas legen.

Tipps

Wenn es einmal sehr schnell gehen soll, dann bereiten Sie die Mini-Pizzas aus einem Beutel Fix-Teig für Pizza und Gemüsekuchen mit ⅛ Liter Wasser zu. Statt des frischen Spinats können Sie auch aufgetauten TK-Spinat verwenden. Der Spinat muss stets gut ausgedrückt werden. Falls Sie keine Wachteleier bekommen, verwenden Sie kleine Hühnereier.

Für 8 Stück

- 100 g Mehl
- 50 g Speisestärke
- 1 ½ TL Backpulver
- 6 EL Keimöl
- 125 g Quark (20% Fett)
- ½ TL Salz

- 1 kleine Dose geschälte Tomaten
- 350 g Blattspinat
- Salz
- Pfeffer aus der Mühle
- 2 EL Pinienkerne
- 100 g ger. Gouda
- 1 EL Butter
- 8 Wachteleier
- etwas Paprikapulver zum Bestreuen

Festliche Ostertorten und Kuchen

So wie bunt bemalte und reich verzierte Ostereier gehören auch festliche Torten mit Erdbeeren oder Rhabarber und feine Kuchen mit Mandeln oder Pistazien auf die österlich geschmückte Kaffeetafel.
Wir verraten Ihnen die feinsten Rezepte.

Ostertorte mit Mandelcreme

4 Eiweiß
120 g Zucker, 4 Eigelb
60 g Speisestärke
60 g Mehl
1 gestr. TL Backpulver
100 g gem. Mandeln
Butter für die Form

½ l Milch
45 g Speisestärke
50 g Zucker
1 Pck. Vanillezucker
50 g Marzipanrohmasse
150 g weiche Butter
2 EL Amaretto
2 Kiwis

300 g Marzipanrohmasse
200 g Puderzucker
grüne Lebensmittelfarbe
5 EL Aprikosenkonfitüre

150 g Marzipanrohmasse
75 g + 2 EL Puderzucker
2 EL Kakaopulver
Hasenformen

1 Pck. gelbes Marzipan
1 Pck. rotes Marzipan

1 Die Eiweiße mit 4 EL kaltem Wasser steif schlagen. Den Zucker langsam einrieseln lassen. Die Eigelbe kurz unterrühren. Die Speisestärke mit dem Mehl, dem Backpulver und den Mandeln darüber streuen und alles vorsichtig unter den Eischnee heben.

2 Den Backofen auf 200 °C (Gas Stufe 3, Umluft 180 °C) vorheizen. Den Boden einer Springform (Durchmesser etwa 26 cm) einfetten, den Teig einfüllen und im Backofen auf der mittleren Schiene 30 bis 35 Minuten backen.

3 Inzwischen für die Füllung 4 EL Milch mit der Speisestärke glatt rühren, die restliche Milch zum Kochen bringen. Die Speisestärke einrühren und einmal aufkochen lassen. Den Zucker, den Vanillezucker und das klein geschnittene Marzipan einrühren. Die Creme auf Zimmertemperatur abkühlen lassen.

4 Die Butter schaumig rühren. Die zimmerwarme Creme löffelweise mit der Butter mischen. Zum Schluss mit dem Amaretto abschmecken. Die Kiwis schälen und in Scheiben schneiden.

5 Den Biskuitboden auskühlen lassen, dann zweimal quer durchschneiden. Einen Boden mit der Hälfte der Creme bestreichen und die Kiwischeiben darauf verteilen. Die zweite Teigplatte darüber legen und mit der restlichen Creme bestreichen. Die dritte Teigplatte darüber legen.

6 Für den Überzug die Marzipanrohmasse mit dem gesiebten Puderzucker und etwas grüner Lebensmittelfarbe verkneten. Anschließend zwischen Frischhaltefolie dünn ausrollen. Einen Streifen für den Tortenrand und einen Kreis für die Oberfläche ausschneiden, mit etwas Aprikosenkonfitüre bestreichen und auf sowie um die Torte legen.

7 Für die Hasen die Marzipanrohmasse mit dem gesiebten Puderzucker und 1 EL Kakaopulver verkneten. Zwischen Frischhaltefolie dünn ausrollen, einen dicken Hasen ausstechen und auf die Torte setzen. Aus dem Rest kleine Hasen ausstechen.

8 2 EL Puderzucker mit 1 EL Kakao und 1 TL Wasser glatt rühren, in einen Gefrierbeutel füllen, die untere Spitze knapp abschneiden und dem großen Hasen die Konturen nachzeichnen. Nach Belieben das Hasengesicht mit weißem Zuckerguss nachzeichnen.

9 Für das Ostergras die restliche grüne Marzipanmasse durch die Knoblauchpresse drücken. Vier Nester formen und auf die Torte setzen. Den Tortenrand mit Aprikosenkonfitüre bestreichen und das Marzipangras und die kleinen braunen Häschen andrücken.

10 Aus dem gelben und roten Marzipan kleinen Blüten ausstechen sowie Ostereier formen und die Torte damit garnieren. Mit der Konfitüre befestigen.

Foto Seite 54

Serviettenringe

1 Die kalte Butter klein schneiden und mit dem Zucker, dem Vanillezucker, dem Ei, der Speisestärke und dem Mehl sowie dem Backpulver und den gemahlenen Haselnüssen zu einem glatten Teig verkneten.

2 Den Teig zu einer Kugel formen und 30 Minuten kühl stellen. Währenddessen ein Huhn auf Pappe zeichnen (etwa 9 × 11 cm) und ausschneiden. Ein Backblech mit Backpapier auslegen. Den Backofen auf 200 °C (Gas Stufe 3, Umluft 180 °C) vorheizen.

3 Den gekühlten Teig zwischen Frischhaltefolie 4 Millimeter dick ausrollen. 12 Hühner mit Hilfe der Schablone ausschneiden und auf das Backblech legen. Mit einer Form aus ihrer Mitte etwa 4 cm große Kreise ausstechen.

4 Das Eigelb mit 1 EL Wasser verrühren und die Serviettenringe damit bestreichen. Mit Haselnuss-Krokant bestreuen und mit den Belegkirschen ein Hühnergesicht bilden. Im Backofen auf der mittleren Schiene 10 bis 15 Minuten backen.

Tipp

Die ausgestochenen Teigkreise als Plätzchen mitbacken.

Für 12 Stück
100 g kalte Butter
100 g Zucker
1 Pck. Vanillezucker
1 Ei
75 g Speisestärke
175 g Mehl
1 Msp. Backpulver
50 g gem. Haselnüsse
1 Eigelb zum Bestreichen
Haselnuss-Krokant zum Bestreuen
Belegkirschen

Karfreitagsbrot

¼ l lauwarme Milch
8 EL Keimöl
80 g Zucker
1 TL ger. Zitronenschale
½ TL Salz
500 g Mehl
30 g Hefe
50 g gem. Pistazien
3 EL lauwarme süße Sahne
30 g Kokosflocken
150 g Möhren
1 TL Zitronensaft
etwas gem. Zimt
Butter für die Form

1 Eigelb zum Bestreichen
gem. Pistazien
Puderzucker zum Bestäuben

1 Die lauwarme Milch mit dem Öl, dem Zucker, der abgeriebenen Zitronenschale, dem Salz und dem gesiebten Mehl in einer Schüssel mischen.

2 Die Hefe darüber bröckeln und alle Zutaten zu einem glatten Teig verkneten. Den Teig zu einer Kugel formen, in die Schüssel legen, abdecken und 30 Minuten gehen lassen.

3 Den gegangenen Teig noch einmal durchkneten und in drei etwa gleich große Stücke teilen. Etwas Teig zum Verzieren beiseite legen. Eines der Teigstücke mit den gemahlenen Pistazien und 1 EL lauwarmer Sahne verkneten.

4 Das zweite Teigstück mit 1 EL Sahne und den Kokosflocken verkneten. Die Möhren schälen und fein reiben. Anschließend gut ausdrücken und mit dem dritten Teigstück, der restlichen Sahne, dem Zitronensaft und dem Zimt verkneten.

5 Eine Kastenform (Länge 26 cm) mit der Butter einfetten. Die drei verschiedenen Teige zu etwa 40 cm langen Strängen formen, zu einem Zopf flechten, einmal durchschneiden und übereinander in die Form legen.

6 Den Backofen auf 200 °C (Gas Stufe 3, Umluft 180 °C) vorheizen. Das Brot auf der zweiten Stufe von unten 40 bis 50 Minuten backen. Den Teigrest dünn ausrollen und kleine Häschen ausstechen.

7 Das Eigelb mit einigen Tropfen Wasser einrühren und 10 Minuten vor Ende der Backzeit das Brot damit bestreichen. Dann die Häschen aufsetzen, wiederum mit Eigelb bestreichen und mit gemahlenen Pistazien bestreuen.

8 Das Brot 10 Minuten in der Form ruhen lassen, dann auf ein Kuchengitter stürzen und auskühlen lassen. Vor dem Servieren mit Puderzucker bestäuben.

Foto: Karfreitagsbrot; Serviettenringe, Rezept Seite 57

Ostergrüße auf Frischkäse

150 g Mehl
½ TL Backpulver
75 g Zucker
1 Pck. Vanillezucker
1 Msp. Salz
1 Ei
75 g weiche Butter

1 kleines Glas Pfirsiche (Abtropfgewicht 205 g)
2 EL Aprikosenkonfitüre
300 g Doppelrahmfrischkäse
75 g Zucker
2 Eigelb
1 EL Zitronensaft
2–3 EL Pfirsichsaft
1 Eiweiß

200 g Marzipanrohmasse
150 g Puderzucker
etwas Pfirsichsaft
gelbe Lebensmittelfarbe
1 Eiweiß

1 Das Mehl mit dem Backpulver in eine Schüssel sieben. Den Zucker, den Vanillezucker, das Salz, das Ei und die Butter hinzufügen. Alle Zutaten zu einem glatten Teig verkneten.

2 Den Teig zu einer Kugel formen und abgedeckt 30 Minuten kühl stellen. Den Boden einer Springform (Durchmesser etwa 26 cm) mit Backpapier auslegen. Den Backofen auf 180 °C (Gas Stufe 2, Umluft 160 °C) vorheizen.

3 Den gekühlten Teig zwischen Frischhaltefolie etwa 5 Millimeter dick ausrollen, in Springformgröße ausstechen und in die Form legen. Den Teig mit einer Gabel mehrmals einstechen. Im Backofen auf der mittleren Schiene 10 bis 15 Minuten vorbacken. Dann beiseite stellen.

4 Die Pfirsiche zum Abtropfen in ein Sieb schütten, den Saft dabei auffangen. Die Pfirsiche pürieren und mit der Konfitüre, dem Frischkäse, dem Zucker und den Eigelben mischen. Nur soviel Zitronen- und Pfirsichsaft dazu gießen, daß die Creme streichfest wird. Das Eiweiß steif schlagen und unterheben, dann auf den vorgebackenen Teigboden streichen.

5 Die Marzipanrohmasse mit dem gesiebten Puderzucker, etwas Pfirsichsaft und gelber Lebensmittelfarbe verkneten. Aus einem Drittel des Marzipans eine lange, dünne Rolle formen, um den Tortenrand herumlegen und mit dem Finger wellenförmig eindrücken.

6 Aus dem restlichen Marzipan sehr dünne Stränge formen, daraus den Ostergruß formen und auf den Belag legen. Das Eiweiß leicht anschlagen und alle Marzipanteile damit bestreichen. Im Backofen auf der mittleren Schiene weitere 10 bis 15 Minuten backen.

Rhabarber-Erdbeer-Torte

1. Die Butter mit dem Zucker und dem Vanillezucker sehr schaumig rühren. Die abgeriebene Zitronenschale, das Salz und nach und nach die Eier einrühren. Zum Schluss das Mehl mit den Köllnflocken, der Speisestärke und dem Backpulver unterrühren.

2. Eine Springform (Durchmesser etwa 26 cm) mit Butter einfetten und den Teig einfüllen. Den Backofen auf 180 °C (Gas Stufe 2, Umluft 160 °C) vorheizen. Den Rhabarber putzen, waschen, in 3 cm große Stücke schneiden und auf dem Teig verteilen.

3. Im Backofen auf der mittleren Schiene 25 bis 35 Minuten backen, dann abkühlen lassen. Die Gelatine in 4 EL kaltem Wasser einweichen.

4. Die Hälfte der süßen Sahne steif schlagen und kühl stellen. Die andere Hälfte mit der Marzipanrohmasse, dem gesiebten Puderzucker und dem Amaretto cremig rühren. Eventuell etwas Milch dazugeben, falls die Creme zu fest sein sollte. Die Gelatine bei milder Hitze verflüssigen und rasch unter die Marzipancreme rühren. Die kühl gestellte Schlagsahne unterheben.

5. Die Mandelcreme auf den abgekühlten Kuchen streichen und wieder kühl stellen. Die Erdbeeren putzen und waschen. Etwa 200 Gramm kleine, hübsche Früchte beiseite stellen. Die Gelatine in 4 EL kaltem Wasser einweichen.

6. Die etwa 300 Gramm Erdbeeren klein schneiden, mit dem Zucker mischen, nach etwa 10 Minuten pürieren und durch ein feines Sieb streichen. Die eingeweichte Gelatine bei milder Hitze verflüssigen und rasch mit dem Erdbeerpüree verrühren.

7. Die Kuvertüre klein schneiden und im Wasserbad bei milder Hitze verflüssigen. Die zurückgelegten Erdbeeren bis zur Hälfte in die Kuvertüre tauchen und auf Alufolie fest werden lassen.

8. Das Erdbeerpüree auf die Mandelcreme streichen und 1 Stunde kühl stellen. Die Sahne steif schlagen und mit Hilfe eines Spritzbeutels mit Sterntülle kleine Tupfen auf die Torte setzen. Mit den Schokoladenerdbeeren garnieren.

---

100 g weiche Butter
100 g Zucker
1 Pck. Vanillezucker
1 TL ger. Zitronenschale
1 Msp. Salz
3 Eier
40 g Mehl
60 g blütenzarte Köllnflocken
50 g Speisestärke
1 TL Backpulver
Butter für die Form

500 g Rhabarber
½ Btl. rote Gelatine
400 g süße Sahne
400 g Marzipanrohmasse
125 g Puderzucker
4 EL Amaretto
evtl. etwas Milch

500 g Erdbeeren
½ Btl. rote Gelatine
40 g Zucker
60 g dunkle Kuvertüre
100 g süße Sahne

Osterwiese

125 g gem. Mandeln
1 TL ger. Zitronenschale
4 Eier
125 g Zucker
2 Msp. Salz
70 g Speisestärke
50 g Mehl

80 g weiche Butter
1 Eigelb (zimmerwarm)
65 g Puderzucker
6 Tropfen Mandelaroma
4 EL Orangenlikör
2 EL Aprikosenkonfitüre

300 g Marzipanrohmasse
100 g Puderzucker
Lebensmittelfarben

kleine Ostereier
50 g Puderzucker
1–2 EL Eiweiß
1 Btl. Fettglasur

1 Die gemahlenen Mandeln mit der Zitronenschale mischen. Die Eier trennen. Die Eigelbe mit dem Zucker schaumig rühren. Das Salz, die Speisestärke und das Mehl hinzufügen und alle Zutaten mischen.

2 Die Eiweiße steif schlagen und zum Schluss unter den Teig heben. Den Backofen auf 180 °C (Gas Stufe 2, Umluft 160 °C) vorheizen. Den Teig in eine Antihaft-Backform (20 × 26 cm) füllen oder in gleicher Größe auf ein mit Backpapier ausgelegtes Backblech streichen. Dazu das Blech mit einem kräftigen Alufolien-Streifen verkleinern.

3 Den Kuchen im Backofen auf der mittleren Schiene 30 bis 40 Minuten backen. Auf einem Kuchengitter auskühlen lassen.

4 Für die Füllung die weiche Butter mit dem zimmerwarmen Eigelb, dem gesiebten Puderzucker und dem Mandelaroma schaumig rühren. Den erkalteten Kuchen einmal durchschneiden und die untere Platte mit dem Orangenlikör beträufeln. Die Creme darauf streichen, mit der zweiten Teigplatte abdecken und leicht andrücken. Die Oberfläche mit glatt gerührter Aprikosenkonfitüre bestreichen.

5 Die Marzipanrohmasse klein schneiden, den Puderzucker darüber sieben und verkneten. Zwei Drittel des Marzipans mit Lebensmittelfarbe hellgrün färben. Die restliche Menge halbieren und jeweils gelb und rosa einfärben.

6 Das grüne Marzipan zwischen Frischhaltefolie etwas größer als die Kuchenplatte ausrollen. Die Ränder in großzügigen Wellen ausschneiden und die Platte auf den Kuchen legen. Restliches grünes Marzipan zu Blättern und Gräsern formen; für die Gräser ein Teil des Marzipans durch die Knoblauchpresse drücken.

7 Aus dem rosafarbenen und dem gelben Marzipan Blüten, zwei Küken und ein Huhn formen und die Osterwiese damit dekorieren. Mit den Marzipanblättern, dem Gras und kleinen Ostereiern garnieren. Zum Schluss den Puderzucker mit Eiweiß verrühren, sodass eine dickflüssig-cremige Masse entsteht. Die Blütenränder damit verzieren. Die Fettglasur im Wasserbad erwärmen, dann in einen Gefrierbeutel geben. Eine kleine Ecke des Beutels anschneiden, sodass ein kleines Loch entsteht, und braune Tupfer in die Blütenmitten setzen.

Stachelbeertorte

60 g kalte Butter
100 g Zucker
1 Msp. Salz
1 Eigelb
125 g Mehl
½ Pck. Vanillezucker
Butter für die Form
3 EL Zitronengelee
4 EL Mandelblättchen
500 g grüne Stachelbeeren
6 EL Weißwein
4 EL Zucker
60 g gem. Mandeln
3 EL Mehl
60 g weiche Butter
60 g Puderzucker
½ TL ger. Zitronenschale
2 Eier
1 Msp. Salz
½ Pck. Tortenguss (gezuckert)
2 EL geh. Pistazien

1 Die Butter mit dem Zucker, etwas Salz und dem Eigelb rasch verkneten. Das Mehl und den Vanillezucker dazugeben und alle Zutaten zu einem glatten Teig verkneten. Den Teig 15 Minuten kühl stellen.

2 Inzwischen eine Springform (Durchmesser etwa 26 cm) einfetten. Den Teig zwischen Frischhaltefolie dünn ausrollen, in die Form legen und dabei einen etwa 2 cm hohen Rand formen.

3 Den Tortenboden etwa 2 Stunden kühl stellen. Danach mit dem Zitronengelee bestreichen und mit den Mandelblättchen bestreuen.

4 Während der Kühlzeit die Stachelbeeren putzen, waschen und mit dem Wein und der gleichen Menge Wasser sowie dem Zucker einmal aufkochen lassen, dann ohne Deckel beiseite stellen. Für den Guss die gemahlenen Mandeln mit dem Mehl mischen. Die Butter mit dem gesiebten Puderzucker, der Zitronenschale, den Eiern und dem Salz schaumig schlagen, das Mandelmehl unterrühren. Den Backofen auf 180 °C (Gas Stufe 2, Umluft 160 °C) vorheizen.

5 Die abgekühlten Stachelbeeren in ein Sieb schütten, den Saft dabei auffangen und ⅛ Liter abmessen. Einige Esslöffel von dem Mandelguss auf den Tortenboden streichen, die Stachelbeeren bis auf einen kleinen Rest darauf verteilen und mit Mandelguss abdecken. Im Backofen auf der mittleren Schiene 50 bis 60 Minuten backen.

6 Währenddessen aus dem abgemessenen Stachelbeersaft und dem Tortenguss nach Packungsaufschrift einen klaren Guss herstellen. Die Torte 10 Minuten in der Form ruhen lassen, dann auf einem Kuchengitter auskühlen und die Oberfläche dünn mit Tortenguß bestreichen. Mit den zurückgelegten Stachelbeeren und den gehackten Pistazien garnieren.

Variante

Diese feine Torte können Sie auch mit vorgegartem Rhabarber oder Birnen zubereiten.

Himbeer-Jogurt-Torte

1. Die Eier trennen, das Eiweiß kühl stellen. Die Eigelbe mit 2 EL kaltem Wasser, dem Zucker, dem Vanillezucker und dem Salz im heißen Wasserbad schaumig rühren. Die Schüssel danach in kaltes Wasser (mit Eiswürfeln) stellen und die Creme kalt schlagen.

2. Den Backofen auf 180 °C (Gas Stufe 2, Umluft 160 °C) vorheizen. Den Boden einer Springform (Durchmesser etwa 26 cm) mit Backpapier auslegen. Die Eiweiße steif schlagen.

3. Die kalt geschlagene Creme mit dem Rumaroma mischen. Den Eischnee darüber geben, Mehl, Kakao, Backpulver sowie Speisestärke darüber sieben und alles vorsichtig mischen. Zum Schluss die flüssige, aber abgekühlte Butter unterheben.

4. Den Teig in die Form füllen. Im Backofen auf der mittleren Schiene 15 bis 20 Minuten backen. Den Kuchen 10 Minuten in der Form ruhen lassen, dann auf ein Kuchengitter stürzen, das Backpapier abziehen und den Kuchen auskühlen lassen.

5. Die Gelatine 10 Minuten in kaltem Wasser einweichen. Die Himbeeren verlesen, gegebenenfalls waschen und gut abtropfen lassen. 12 schöne große Früchte zum Dekorieren beiseite legen. Etwa ein Drittel der Früchte mit 30 Gramm Zucker bestreuen, kurz ziehen lassen, dann pürieren.

6. Den Jogurt mit dem restlichen Zucker einige Minuten schaumig schlagen. Den Zitronensaft sowie die Zitronenschale dazugeben, ebenso die pürierten und die ganzen Himbeeren.

7. 400 Gramm Sahne steif schlagen. Die Gelatine gut ausdrücken und bei milder Hitze verflüssigen. Rasch mit dem Jogurt verrühren. Die Schlagsahne unterheben.

8. Den Tortenboden einmal quer durchschneiden und mit zwei Dritteln der Jogurtcreme bestreichen. Den zweiten Boden darüber legen, leicht andrücken und mit der restlichen Creme bestreichen.

9. Die restliche Sahne mit dem Vanillezucker steif schlagen, den Himbeergeist unterheben. Die Sahne in einen Spritzbeutel mit Sterntülle füllen. Die zurückgelegten Himbeeren mit jeweils einer Pistazie füllen. Mit dem Spritzbeutel 12 Sahnenester auf die Torte spritzen. Jeweils eine gefüllte Himbeere in die Nester setzen. Die Torte etwa 5 Stunden im Kühlschrank fest werden lassen.

---

3 Eier

125 g Zucker

1 Pck. Vanillezucker

1 Msp. Salz

1 Btl. Rum-back

75 g Mehl

1 EL Kakaopulver

½ TL Backpulver

75 g Speisestärke

3 EL flüssige Butter

8 Blatt rote Gelatine

1 kg Himbeeren

100 g Zucker

300 g Jogurt

2 EL Zitronensaft

etwas ger. Zitronenschale

500 g süße Sahne

1 Pck. Vanillezucker

2 EL Himbeergeist

12 ungesalzene Pistazien

Marzipantorte

200 g weiche Butter
100 g Zucker
2 Msp. Salz
1 Pck. Vanillezucker
4 Eier
1 Eigelb
250 g Mehl
1 TL Backpulver
100 g gem. Mandeln
10 Tropfen Mandelaroma
Butter für die Form

100 g Marzipanrohmasse
50 g Puderzucker
10 EL Amaretto
150 g Aprikosenkonfitüre

500 g Marzipanrohmasse
200 g Puderzucker
grüne und rote Lebensmittelfarbe
bunte Zuckerblümchen
bunte Zuckerschrift
bunte Ostereier
2 EL gem. Pistazien

1 Die Butter mit Zucker, Salz und Vanillezucker schaumig rühren. Die Eier und das Eigelb einrühren. Das Mehl mit dem Backpulver darüber sieben. Die Mandeln und das Mandelaroma dazugeben und alles mischen. Den Backofen auf 180 °C (Gas Stufe 2, Umluft 160 °C) vorheizen. Eine Springform (Durchmesser etwa 26 cm) mit etwas Butter einfetten, den Teig einfüllen. Im Backofen auf der mittleren Schiene 45 bis 55 Minuten backen.

2 Den Kuchen in der Form 10 Minuten ruhen lassen, dann zum Abkühlen auf ein Kuchengitter stürzen. Die Marzipanrohmasse mit dem Puderzucker und 6 bis 8 EL Amaretto cremig rühren.

3 Den abgekühlten Kuchen in der Mitte einmal durchschneiden, mit dem restlichen Amaretto beträufeln und mit etwas Konfitüre und der Marzipancreme bestreichen. Den zweiten Boden darüber setzen und leicht andrücken.

4 Die Marzipanrohmasse mit dem gesiebten Puderzucker verkneten. Aus einem Teil dieser Masse einen kleinen Osterhasen formen. Ein Drittel des hellen Marzipans zwischen Frischhaltefolie dünn und etwas kleiner als der Tortendurchmesser ausrollen und ausschneiden.

5 Das zweite Drittel der hellen Marzipanrohmasse rosa einfärben, dünn ausrollen und 2 cm höher, als die Torte hoch ist, ausschneiden. Den Tortenrand mit etwas Konfitüre bestreichen und mit dem rosa Marzipan belegen. Gut andrücken. Die Tortenoberfläche mit etwas Konfitüre bestreichen und den hellen Marzipankreis auflegen.

6 Einen Teil des restlichen hellen Marzipans zu einer langen Rolle formen, unten um die Torte legen und andrücken. Das übrige Marzipan grün färben, dünn ausrollen und rund oder zackig ausschneiden. Die helle Marzipanplatte mit etwas Konfitüre bestreichen und den grünen Marzipankreis darauf legen.

7 Den Osterhasen mit Konfitüre auf die Torte setzen. Das restliche grüne Marzipan durch die Knoblauchpresse drücken. Daraus ein Nest formen und auf die Torte legen. Mit Zuckerschrift den Ostergruß schreiben. Die Torte mit Zuckerblümchen, Ostereiern und Pistazien garnieren.

Baiser-Osterei

8 Eiweiß
½ TL Weinsteinbackpulver (aus dem Reformhaus)
350 g feiner Zucker
Puderzucker zum Bestäuben

½ l süße Sahne
50 g Puderzucker
2 Pck. Sahnesteif
etwas ger. Zitronenschale
500 g Erdbeeren

200 g Marzipanrohmasse
Lebensmittelfarben
Zuckerblümchen
Gebäckschmuck
1 Eiweiß

1 Die Eiweiße leicht schaumig schlagen. Das Weinsteinbackpulver einrühren und den Schnee langsam steif schlagen. Nach und nach den Zucker einrieseln lassen und weiter schlagen.

2 Zwei Backbleche mit Backpapier auslegen, darauf vier Ostereier (etwa 24 × 17 cm) markieren und mit Puderzucker bestäuben. Den festen Eischnee in einen Spritzbeutel mit weiter Lochtülle füllen und zwei markierte Eier gleichmäßig und spiralförmig als Boden und Deckel ausspritzen. Bei den beiden anderen Ostereiern nur Konturen mit Eischnee nachfahren.

3 Die Baisers im Backofen auf der mittleren Schiene bei geringer Temperatur (100 °C, Gas Stufe ½, Umluft 75 °C) etwa 1½ Stunden trocknen lassen. Die Ofentür mit einem Kochlöffel etwas geöffnet halten, damit die Feuchtigkeit entweichen kann.

4 Die Sahne mit dem Zucker und dem Sahnesteif steif schlagen. Die abgeriebene Zitronenschale unterrühren. Die Erdbeeren putzen, waschen und gut abtropfen lassen. Die fertigen Baisers auf Kuchengittern auskühlen lassen.

5 Einen ausgekühlten Baiserboden auf eine Platte legen und mit etwas geschlagener Sahne die beiden Ostereier-Konturen darauf legen. Nun abwechselnd die Sahne und die Erdbeeren einfüllen und mit dem Baiserdeckel abdecken.

6 Die Marzipanrohmasse portionsweise mit Lebensmittelfarben rot, rosa, gelb und grün einfärben. Aus dem gefärbten Marzipan bunte, dünne Streifen ausrollen. Aus rotem Marzipan eine große Schleife formen.

7 Die Marzipanstreifen, die Schleife sowie die Zuckerblümchen und den Gebäckschmuck mit leicht angeschlagenem Eiweiß auf der Oberfläche befestigen.

8 Das gefüllte Baiser-Ei etwa 2 Stunden kühl stellen. Dann auf einer Tortenplatte anrichten.

Tipp

Dieses reich verzierte und lecker gefüllte Ei ist ein besonders hübsches Geschenk.

Beerentorte mit Baiserhaube

1. Das Mehl in eine Schüssel sieben, das Ei, das Eigelb, den Zucker und Vanillezucker sowie in Flöckchen die kalte Butter, Salz und Zimt hinzufügen. Alle Zutaten zu einem glatten Teig verkneten.

2. Eine Springform (Durchmesser 26 bis 28 cm) mit Butter einfetten. Den Teig zwischen Frischhaltefolie dünn ausrollen und in die Form legen. Dabei einen etwa 3 cm hohen Rand formen. Die Form 30 Minuten kühl stellen.

3. Für den Quarkbelag die weiche Butter mit den Eigelben, dem Zucker, Vanillepuddingpulver und etwas geriebener Zitronenschale schaumig rühren. Den Quark in einem Küchentuch ausdrücken und unterrühren. Die Mandelblättchen in einer trockenen Pfanne goldgelb rösten und beiseite stellen.

4. Den Backofen auf 180 °C (Gas Stufe 2, Umluft 160 °C) vorheizen. Die Beeren putzen, gegebenenfalls waschen und gut abtropfen lassen. Den gekühlten Tortenboden mit einer Gabel mehrmals einstechen. Mit Alufolie und den Hülsenfrüchten belegen und im Backofen auf der mittleren Schiene 15 Minuten vorbacken.

5. Die Hülsenfrüchte und die Alufolie entfernen. Den Tortenboden mit etwa 50 Gramm gerösteten Mandelblättchen bestreuen und mit der Quarkcreme bestreichen. Im Backofen weitere 10 Minuten backen.

6. Die Backofentemperatur auf 200 °C (Gas Stufe 3, Umluft 180 °C) erhöhen. Die Torte mit den Beeren belegen und weitere 5 Minuten backen. Währenddessen die Eiweiße mit dem Zitronensaft steif schlagen. Den gesiebten Puderzucker langsam einrieseln lassen. Dann die restlichen gerösteten Mandelblättchen unterheben.

7. Den Eischnee großzügig auf den Beeren verteilen und weitere 5 bis 8 Minuten backen, bis die Baiserhaube goldgelb ist. Nach Belieben mit etwas Puderzucker bestäuben. Die Torte auf einem Kuchengitter auskühlen lassen.

Tipp

Tortenböden aus Mürbteig werden am besten vorgebacken, damit die saftigen Früchte den Boden nicht durchweichen. Die Hülsenfrüchte können Sie wieder verwenden.

---

250 g Mehl

1 Ei, 1 Eigelb

75 g Zucker

1 Pck. Vanillezucker

150 g kalte Butter

2 Msp. Salz

1 Msp. gem. Zimt

Butter für die Form

100 g weiche Butter

4 Eigelb

75 g Zucker

2 EL Vanillepuddingpulver

etwas ger. Zitronenschale

500 g Magerquark

150 g Mandelblättchen

100 g Erdbeeren

100 g Himbeeren

100 g rote Johannisbeeren

100 g grüne Stachelbeeren

100 g Blaubeeren

200 g Hülsenfrüchte

4 Eiweiß

1 TL Zitronensaft

175 g Puderzucker

Pfirsich-Mascarpone-Torte

100 g weiche Butter
100 g Zucker
1 Pck. Vanillezucker
2 Msp. Salz
1 TL ger. Zitronenschale
3 Eier
40 g Mehl
60 g blütenzarte Köllnflocken
50 g Speisestärke
1 TL Backpulver
Butter für die Form

8 Blatt weiße Gelatine
250 g Jogurt
500 g Mascarpone
150 g Zucker
2 Vanillestangen
½ l süße Sahne
6 Pfirsichhälften aus dem Glas
Schokoraspel
16 kleine Schokoladeneier

1 Die weiche Butter mit dem Zucker, dem Vanillezucker und dem Salz schaumig rühren. Die abgeriebene Zitronenschale und die Eier hinzufügen und weiter rühren.

2 Das Mehl mit den Köllnflocken, der Speisestärke und dem Backpulver kurz unter den Teig mischen. Den Backofen auf 180 °C (Gas Stufe 2, Umluft 160 °C) vorheizen. Eine Springform (Durchmesser etwa 26 cm) mit Butter einfetten und den Teig einfüllen. Im Backofen auf der mittleren Schiene 25 bis 30 Minuten backen.

3 Den Tortenboden auf einem Kuchengitter auskühlen lassen, dann einmal durchschneiden. Die Gelatine 10 Minuten in reichlich kaltem Wasser einweichen.

4 Den Jogurt mit dem Mascarpone und dem Zucker verrühren. Die Vanillestangen aufschneiden, das Mark herausschaben und zur Frischkäsecreme geben. Die Sahne steif schlagen.

5 Die Gelatine gut ausdrücken, bei milder Hitze verflüssigen und rasch mit der Creme mischen. Zum Schluss die steif geschlagene Sahne unterheben.

6 Den unteren Tortenboden in eine Springform (Durchmesser etwa 26 cm) legen, die Pfirsichhälften darauf anordnen und die Hälfte der Creme darüber verteilen. Den zweiten Tortenboden darüber setzen und leicht andrücken.

7 Den Springformrand lösen, die Torte rundherum mit der restlichen Creme bestreichen und die Oberfläche mit Schokoraspeln bestreuen. Zum Schluss die Torte mit den 16 Schokoladeneiern garnieren und in der Form mindestens 5 Stunden kühl stellen.

Varianten

Statt der Pfirsiche können Sie den Tortenboden auch mit frischen, gehäuteten Aprikosen oder mit Dosenaprikosen belegen. Sie können auch etwas Creme auf dem Tortenboden verteilen, abgetropfte und entsteinte Kirschen darauf legen und mit der restlichen Creme und dem zweiten Boden abdecken. In diesem Fall sollten Sie den Tortenboden mit etwas Kirschwasser beträufeln.

Osterbrot

250 g Sultaninen
4 EL Rum
250 g Magerquark
200 g weiche Butter
175 g Zucker
1 Pck. Vanillezucker
1 TL ger. Zitronenschale
2 Msp. Salz
2 Eier
200 g Marzipanrohmasse
500 g Mehl
1 Pck. Backpulver

6 EL Mandelblättchen
150 g Puderzucker
2 EL Rum
etwas Milch

1 Die Sultaninen mit dem Rum begießen und beiseite stellen. Den Quark in einem Sieb abtropfen lassen. Die Butter mit dem Zucker schaumig rühren. Den Backofen auf 180 °C (Gas Stufe 2, Umluft 160 °C) vorheizen. Ein Backblech mit Backpapier auslegen.

2 Den Vanillezucker, die Zitronenschale, das Salz, die Eier sowie den abgetropften Quark und die klein geschnittene Marzipanrohmasse dazugeben. Alle Zutaten zu einem glatten Teig verrühren.

3 Etwas Mehl über die eingeweichten Rumrosinen streuen. Den Rest mit dem Backpulver über die Butter-Zucker-Masse sieben und unter den Teig heben. Zum Schluss die Rosinen mit dem Teig mischen.

4 Aus dem Teig auf dem Backblech einen länglichen Laib formen. Im Backofen auf der zweiten Stufe von unten 65 bis 75 Minuten backen. Das Brot auf einem Kuchengitter abkühlen lassen.

5 Inzwischen die Mandelblättchen in einer trockenen Pfanne goldgelb rösten. Für den Guss den Puderzucker in eine Schüssel sieben, mit dem Rum und etwas Milch cremig rühren und das abgekühlte Gebäck damit bestreichen. Anschließend mit den Mandeln bestreuen.

Tipp

Sie können dieses saftige Osterbrot auch mit kleinen bunten Ostereiern und/oder bunten Perlen oder Schokoladenosterhäschen garnieren. Allerdings macht eine solche Verzierung das Schneiden des Brots nicht ganz einfach.

Meister Lampes Gugelhupf

1. Den Backofen auf 190 °C (Gas Stufe 2-3, Umluft 170 °C) vorheizen. Die weiche Butter mit dem Zucker schaumig rühren. Etwas Salz, die geriebene Zitronenschale und nach und nach die Eier einrühren. Zum Schluss das Mehl mit dem Backpulver darüber sieben und untermischen. Nur so viel Milch zum Teig geben, bis er schwer reißend vom Löffel fällt.

2. Die Mandeln und die halbierten Ostereier hinzufügen und kurz unterrühren. Eine Gugelhupfform mit Butter einfetten und den Teig einfüllen. Im Backofen auf der zweiten Stufe von unten 60 bis 65 Minuten backen.

3. Den Kuchen 10 Minuten in der Form ruhen lassen, dann auf ein Kuchengitter stürzen und auskühlen lassen. Die Mandelblättchen in einer trockenen Pfanne leicht rösten und zum Auskühlen beiseite stellen.

4. Die Konfitüre erhitzen und durch ein feines Sieb streichen. Bei Bedarf mit etwas Wasser oder Aprikosensaft verrühren.

5. Den Kuchen dünn mit etwas Konfitüre bestreichen und mit den Mandelblättchen bestreuen. Die restliche Konfitüre vorsichtig darüber streichen und fest werden lassen.

Varianten

Sie können diesen festlichen Kuchen statt mit Schokoladeneiern auch mit der gleichen Menge Rumrosinen zubereiten. Auch ein heller oder bunter Zuckerguss aus Puderzucker, Milch und Lebensmittelfarbe statt des fruchtigen Aprikosenüberzugs ist möglich und schmeckt köstlich.

---

200 g weiche Butter
250 g Zucker
½ TL Salz
1 TL ger. Zitronenschale
4 Eier
500 g Mehl
1 Pck. Backpulver
3–6 EL Milch
100 g geh. Mandeln
200 g kleine Schokoladen- oder Nougat-Eier
Butter für die Form

4 EL Mandelblättchen
100 g Aprikosenkonfitüre

Früchtetorte mit Mangocreme

4 Eier
150 g Zucker
etwas ger. Zitronenschale
1 EL Speisestärke
1 Msp. Backpulver
200 g gem. Mandeln
2 Msp. Salz
Butter für die Form

1 Dose Mangofrüchte (425 g)
40 g Speisestärke
2 EL Zitronensaft
250 g süße Sahne
500 g gemischte Früchte (Erdbeeren, Mango, Kiwis, Himbeeren, Blaubeeren, Pfirsiche)
1 Pck. Tortenguss (gezuckert)

1 Die Eier trennen. Die Eiweiße kühl stellen. Die Eigelbe mit dem Zucker schaumig rühren. Die geriebene Zitronenschale und die Speisestärke mit dem Backpulver einrühren.

2 Den Backofen auf 180 °C (Gas Stufe 2, Umluft 160 °C) vorheizen. Die gemahlenen Mandeln mit der Eicreme mischen. Die Eiweiße mit dem Salz steif schlagen. Die Hälfte des Eischnees mit dem Mandelteig mischen. Den restlichen Schnee unterheben.

3 Eine Obstkuchenform (Durchmesser 26 bis 28 cm) gut mit Butter einfetten und den Teig einfüllen. Im Backofen auf der mittleren Schiene 25 bis 30 Minuten backen. Den Tortenboden in der Form 10 Minuten ruhen lassen. Dann zum Auskühlen auf ein Kuchengitter stürzen.

4 Für die Creme die Mangos im Saft pürieren. Das Fruchtpüree zum Kochen bringen. Die Speisestärke mit etwas kaltem Wasser anrühren, in das heiße Püree einrühren und einmal aufkochen lassen. Die Creme abkühlen lassen.

5 Die abgekühlte Creme mit dem Zitronensaft abschmecken. Die Sahne steif schlagen, unter die Creme heben und die Masse auf den Tortenboden streichen.

6 Die Früchte putzen, waschen und gut abtropfen lassen, größere Früchte klein schneiden. Das gemischte Obst auf der Mangocreme verteilen.

7 Den Tortenguss nach der Packungsaufschrift zubereiten und lauwarm über die Früchte löffeln.

Variante

Sie möchten lieber einen Biskuitboden zu den aromatischen Früchten? Dafür werden 2 Eiweiße mit 2 EL kaltem Wasser steif geschlagen. 80 Gramm Zucker, etwas geriebene Zitronenschale und 2 Eigelbe unterrühren. 40 Gramm Speisestärke mit der gleichen Menge Mehl und ½ TL Backpulver darüber sieben und unterheben.

Ostergebäck aus aller Welt

Festlich und international schmausen und schlemmen: Wir laden ein, sich in den Backstuben anderer Länder umzuschauen. Wir entführen Sie kulinarisch in die Schweiz, nach Österreich, Dänemark und Russland, nach Italien, Griechenland, Malta und Israel.

Schweizer Rüeblitorte

250 g Möhren
2 EL Zitronensaft
6 Eier
250 g Zucker
100 g gem. Mandeln
100 g gem. Haselnüsse
50 g Mehl
½ TL Backpulver
50 g blütenzarte Köllnflocken
2 Msp. Salz
½ TL gem. Zimt
2 Msp. Muskatblüte (Macis)
1 TL ger. Zitronenschale
Butter für die Form

Puderzucker zum Bestäuben
80 g Marzipanrohmasse
gelbe und rote Lebensmittelfarbe

1. Die Möhren putzen, waschen und fein reiben. Mit dem Zitronensaft beträufeln und beiseite stellen. Die Eier trennen. Die Eiweiße kühl stellen.

2. Die Eigelbe mit dem Zucker schaumig rühren. Die gemahlenen Mandeln und Haselnüsse einrühren. Das Mehl mit dem Backpulver und den Köllnflocken dazugeben und alles mit den geriebenen Möhren mischen. Mit Salz, Zimt, Muskatblüte und Zitronenschale würzen.

3. Den Backofen auf 200 °C (Gas Stufe 3, Umluft 180 °C) vorheizen. Eine Springform (Durchmesser 26 cm) einfetten. Die Eiweiße steif schlagen. Die Hälfte mit dem Teig verrühren, den Rest Eischnee unterheben.

4. Den Teig in die Form füllen, die Oberfläche glatt streichen. Im Backofen auf der zweiten Stufe von unten 50 bis 60 Minuten backen. Den gebackenen Kuchen aus der Form stürzen und auf einem Kuchengitter auskühlen lassen.

5. Den abgekühlten Kuchen mit Puderzucker bestäuben. Die Marzipanrohmasse mit gelber und roter Lebensmittelfarbe orangerot färben und zwölf kleine Möhren daraus formen. Mit einem Messer quer kleine Einkerbungen anbringen. Einige grüne Möhrenstiele oder geviertelte Pistazien am dickeren Ende in die Möhrchen stecken.

Variante

Sie können die Rüeblitorte zusätzlich rundherum mit glatt gerührter Aprikosenkonfitüre bestreichen und mit 150 Gramm Marzipanrohmasse, verknetet mit 80 Gramm gesiebtem Puderzucker und dünn ausgerollt, umhüllen.

Foto Seite 76

Schweizer Rahmfladen

Für 6 Portionen
350 g TK-Blätterteig
2 EL flüssige Butter
6 EL gem. Mandeln
300 g saure Sahne (etwa 24 % Fett)
1 Ei
1 Eigelb
1 EL Speisestärke
2 Msp. Salz
50 g geh. Mandeln
1 Pck. Vanillezucker
1 TL ger. Zitronenschale
50 g Sultaninen
1 TL gem. Zimt
4 EL Zucker

1. Die Blätterteigplatten nebeneinander legen und 10 Minuten antauen lassen. Die Teigplatten übereinander legen und zwischen Frischhaltefolie zu einem großen runden Fladen ausrollen.

2. Ein Backblech mit kaltem Wasser abspülen und den Teigfladen darauf setzen. Den Backofen auf 220 °C (Gas Stufe 4, Umluft 200 °C) vorheizen. Den Fladen mit flüssiger Butter bestreichen und mit den gemahlenen Mandeln bestreuen.

3. Für den Belag die saure Sahne mit dem Ei, dem Eigelb, der Speisestärke und dem Salz verrühren. Die Mandeln, den Vanillezucker, die Zitronenschale und die Sultaninen dazugeben und über dem Fladen verteilen.

4. Den Zimt mit dem Zucker mischen und über die Sahnecreme streuen. Im Backofen auf der zweiten Stufe von unten 25 bis 35 Minuten backen und lauwarm servieren.

Variante

Sie mögen keinen Blätterteig? Dann probieren Sie diesen köstlichen Fladen mit einem Teig aus 250 Gramm Mehl, 1 Ei, ½ TL Salz, 125 Gramm flüssiger Butter und 3 bis 5 EL Eiswasser (aus Eiswürfeln). Alle Zutaten verkneten und den Teig 3 Stunden kühl stellen, dann dünn ausrollen und belegen.

Schweizer Ostertorte

100 g	Mehl
1 Msp.	Backpulver
3 EL	Zucker
1 Prise	Salz
75 g	kalte Butter
	Butter für die Form
300 g	Möhren
4	Eier
1 Prise	Salz
150 g	Zucker
250 g	gem. Haselnüsse
100 g	Mehl
2 gestr. TL	Backpulver
500 g	süße Sahne
2 Pck.	Sahnesteif
4 EL	Zucker
1 Pck.	Vanillezucker
4 EL	Orangenmarmelade
30 g	gem. Pistazien
150 g	Marzipanrohmasse
50 g	Puderzucker
	rote und gelbe Lebensmittelfarbe
2	ungesalzene Pistazien
2 EL	Puderzucker
	etwas Milch
4	Stückchen Schokolade

1 Für den Mürbteigboden das Mehl mit dem Backpulver, Zucker, Salz und der kalten Butter verkneten. Eine Springform (Durchmesser 26 cm) einfetten. Den ausgerollten Teig auf den Boden der Springform legen. 30 Minuten kühl stellen.

2 Den Backofen auf 180 °C (Gas Stufe 2, Umluft 160 °C) vorheizen. Den gekühlten Tortenboden mit einer Gabel mehrmals einstechen und im Backofen auf der mittleren Schiene 15 bis 20 Minuten backen. Auf einem Kuchengitter auskühlen lassen. Die Form wieder einfetten.

3 Für den Biskuitteig die Möhren putzen, schälen, fein reiben und in einem Küchentuch ausdrücken. Die Eier trennen. Die Eiweiße mit etwas Salz steif schlagen. 100 Gramm Zucker langsam einrieseln lassen.

4 Die Eigelbe mit 50 Gramm Zucker schaumig rühren. Die Haselnüsse und geriebenen Möhren dazugeben, das Mehl mit dem Backpulver darüber sieben. Alle Zutaten vermengen. Den Eischnee unterheben. Den Teig in die Form füllen und im Backofen auf der mittleren Schiene 30 bis 35 Minuten backen. Den Biskuit auf einem Kuchengitter auskühlen lassen.

5 Den Biskuitboden einmal quer durchschneiden. Die Sahne mit Sahnesteif, Zucker und Vanillezucker steif schlagen. Den Mürbteigboden mit 2 EL Orangenmarmelade bestreichen. Einen Biskuitboden darüber legen und mit der restlichen Marmelade und einem Teil der Sahne bestreichen. Den anderen Biskuitboden darüber legen. Die Torte rundherum mit der restlichen Sahne garnieren und die Oberfläche mit den Pistazien bestreuen.

6 Die Marzipanrohmasse mit dem gesiebten Puderzucker verkneten. Einen kleinen Teil Marzipan mit gelber und roter Lebensmittelfarbe orangerot färben und kleine Möhrchen formen. Aus dem hellen Marzipan kleine Häschen formen. Die Pistazien längs halbieren und ins dickere Ende der Möhren drücken.

7 Den Puderzucker sieben und mit wenigen Tropfen Milch cremig rühren. In einen Gefrierbeutel füllen, eine Spitze abschneiden und den Hasen helle Augen ins Gesicht malen. Die Schokolade schmelzen, in einen Gefrierbeutel füllen, eine Spitze abschneiden und die Augen konturieren. Die Hasen und die Möhrchen auf die Torte setzen. Die Torte bis zum Servieren kühl stellen.

Österreichischer Karfreitagsstrudel

375 g Mehl
½ TL Salz
3 EL flüssiges Keimöl
1 Ei
Mehl zum Bearbeiten
4 EL flüssige Butter zum Bestreichen
6 EL gem. Haselnüsse

100 g getrocknete Kirschen
4 EL Kirschwasser
50 g getrocknete Birnen
375 g gem. Mohn
⅛ l kochende Milch
100 g Zucker
50 g gem. Mandeln
½ TL gem. Zimt
1 TL ger. Zitronenschale
2 Eier
80 g Butter

4 EL flüssige Butter
2 EL Paniermehl
Puderzucker zum Bestäuben

1 Für den Teig das Mehl mit dem Salz, dem Öl, dem Ei und 100 Millilitern lauwarmem Wasser verkneten. Eventuell noch etwas Wasser dazu gießen. Den Teig mindestens 10 Minuten kräftig kneten. Dann bei Zimmertemperatur 30 Minuten ruhen lassen.

2 Den Teig anschließend auf einem großen bemehlten Tuch dünn ausrollen und mit bemehlten Handrücken von der Mitte nach außen hauchdünn ausziehen. Dicke Ränder wegschneiden. Den ausgezogenen Teig mit flüssiger Butter bestreichen und mit den gemahlenen Haselnüssen bestreuen.

3 Die getrockneten Kirschen mit dem Kirschwasser, die getrockneten Birnen mit heißem Wasser begießen. Den Mohn in eine Schüssel geben und mit der kochenden Milch übergießen. Den Zucker, die gemahlenen Mandeln, den Zimt, die geriebene Zitronenschale, die Eier und die Butter hinzufügen und alle Zutaten mit der Mohnmasse mischen.

4 Die eingeweichten Kirschen hinzufügen. Die eingeweichten Birnen fein würfeln und unterrühren.

5 Den Backofen auf 220 °C (Gas Stufe 5, Umluft 200 °C) vorheizen. Ein Backblech mit Backpapier auslegen. Die Mohnmasse auf den Strudelteig streichen, die Ränder dabei frei lassen. Den Strudel mit Hilfe des Tuchs aufrollen und mit der Nahtseite nach unten hufeisenförmig auf das Backblech setzen.

6 Den Strudel mit flüssiger Butter bestreichen und mit Paniermehl bestreuen. Im Backofen auf der zweiten Schiene von unten 10 Minuten backen. Die Temperatur auf 200 °C (Gas Stufe 3, Umluft 180 °C) verringern und den Strudel weitere 20 Minuten backen.

7 Den Strudel etwas abkühlen lassen, dann dick mit Puderzucker bestäuben und am besten lauwarm mit Vanilleeis oder Schlagsahne servieren.

Malteser Osterkuchen

1. Das Mehl in eine Schüssel sieben und mit der Trockenhefe mischen. Die Eier mit dem Zucker und dem Vanillezucker schaumig rühren.

2. Das Salz mit der lauwarmen Milch, der flüssigen Butter, der Zitronenschale und dem Zitronensaft mischen. Bis auf einen kleinen Rest zum Mehl geben, die Eimasse ebenfalls dazugeben. Alle Zutaten zu einem glatten Teig verkneten. Bei Bedarf noch etwas Milch hinzufügen.

3. Den Teig kräftig kneten, zu einer Kugel formen, in die Schüssel legen und abgedeckt 45 Minuten gehen lassen. Inzwischen ein Backblech mit Backpapier auslegen.

4. Für die Füllung die Marzipanrohmasse klein schneiden und mit den Eiweißen, dem gesiebten Puderzucker und dem Bittermandelöl cremig rühren. Den Backofen auf 200 °C (Gas Stufe 3, Umluft 180 °C) vorheizen. Den Teig noch einmal durchkneten, halbieren und jeweils zwischen Frischhaltefolie gut 1 cm dick ausrollen.

5. Aus den beiden Teigplatten zwei gleich große Figuren (Fisch, Ei, Schnecke oder Huhn) ausschneiden und einen Teil auf das Backblech legen. Mit der Marzipanmasse bestreichen. Die zweite Teigplatte darüber legen und die Ränder gut andrücken.

6. Aus den Teigresten kleine schneckenförmige Kuchen rollen und ebenfalls auf das Backblech legen. Den Kuchen auf der mittleren Schiene 35–45 Minuten backen. Die kleinen Kuchen nach etwa 15 Minuten aus dem Ofen nehmen und verziert oder unverziert getrennt servieren.

7. Den Puderzucker in eine Schüssel sieben, mit etwas Milch dicklich-cremig rühren und mit Mandelöl aromatisieren. Jeweils gut 2 EL Zuckerguss in Schälchen füllen und mit der Lebensmittelfarbe hellblau, gelb, hellgrün und blaßrosa färben.

8. Den Kuchen auf einem Kuchengitter auskühlen lassen. Zuvor in den noch warmen Kuchen mit einem Esslöffel für das Schokoladenei eine Mulde drücken.

9. Den abgekühlten Kuchen zunächst rundherum mit weißem Zuckerguss bestreichen und diesen fest werden lassen. Den farbigen Zuckerguss getrennt jeweils in einen Gefrierbeutel füllen und eine Spitze abschneiden.

10. Das Schokoladenei in die Mulde setzen. Den Kuchen mit bunten Tupfen und wellenförmigen Linien garnieren. Auch um das Osterei hübsche Linien zeichnen.

500 g Mehl
1 Pck. Trockenhefe
4 Eier
300 g Zucker
2 Pck. Vanillezucker
2 Msp. Salz
etwa ⅛ l lauwarme Milch
6 EL flüssige Butter
1 TL ger. Zitronenschale
3 EL Zitronensaft
200 g Marzipanrohmasse
2 Eiweiß
75 g Puderzucker
einige Tropfen Bittermandelöl
250 g Puderzucker
etwas Milch
einige Tropfen Mandelaroma
Lebensmittelfarben
1 hühnereigroßes Schokoladenei

Russisches Osterbrot

600 g Mehl
2 Pck. Trockenhefe
200 g Zucker
etwa ⅜ l lauwarme Milch
150 g weiche Butter
4 Eigelb (zimmerwarm)
250 g Crème fraîche
300 g Roggenmehl Type 1150
1 TL Salz
1 TL gem. Kardamom
1 TL gem. Zimt
1 Döschen gem. Safran
1 TL ger. Zitronenschale
1 TL ger. Orangenschale
200 g Mandelstifte
100 g Korinthen
100 g Frutta-Mix (kandierte Früchtemischung)
Butter für die Form

200 g Marzipanrohmasse
100 g Puderzucker
gelbe und rote Lebensmittelfarbe
150 g Puderzucker
2–3 EL Orangensaft

1 Das Mehl in eine Schüssel sieben und mit der Trockenhefe und dem Zucker mischen. Die lauwarme Milch, die weiche Butter, die zimmerwarmen Eigelbe und die Crème fraîche dazugeben und alle Zutaten zu einem glatten Teig verkneten.

2 Den Teig zu einer Kugel formen, und abgedeckt 45 Minuten gehen lassen. Das Roggenmehl, alle Gewürze, die Mandelstifte, die Korinthen sowie die kandierte Früchtemischung darüber geben und alles vermengen.

3 Den Teig noch einmal 30 Minuten ruhen lassen. Inzwischen eine geradwandige hohe Form (z. B. Kochtopf, Durchmesser etwa 22 cm) sehr sorgfältig mit weicher Butter einfetten. Den Backofen auf 180 °C (Gas Stufe 2, Umluft 160 °C) vorheizen.

4 Den Teig noch einmal kurz durchkneten und in die Form füllen. Weitere 20 Minuten ruhen lassen. Im Backofen auf der untersten Stufe 50 bis 60 Minuten backen.

5 Den Kuchen 10 Minuten in der Form ruhen lassen, dann zum Auskühlen auf ein Kuchengitter stellen. Die Marzipanrohmasse klein schneiden und mit dem gesiebten Puderzucker verkneten. Mit der Lebensmittelfarbe 200 Gramm Marzipanmasse gelb und 100 Gramm rot färben.

6 Aus dem gelben Marzipan lange dünne Rollen formen, aus dem roten Marzipan Röschen. Den Puderzucker mit dem Orangensaft dicklich cremig rühren und den Kuchen mit dem Zuckerguss ganz überziehen. Die gelben Rollen sowie die Röschen an den Seiten des Kuchens festkleben.

Tipp

Sie können diesen russischen Kulitsch auch mit dünn ausgerolltem Marzipan überziehen und mit Zuckerschrift, kandierten Früchten oder Mandeln verzieren und dabei die kyrillischen Buchstaben XB bilden. Sie stehen für Christos woskres: Christus ist auferstanden.

Russische Osterpastete

500 g Mehl	
200 g kalte Butter	
80 g kaltes Schweinefett	
1 TL Salz	
etwa 10 EL Eiswasser (aus Eiswürfeln)	
800 g Lachsfilet	
400 ml trockener Weißwein	
1 Bund Suppengrün	
2 EL Fischgewürz	
1 TL Salz	
½ TL Zucker	
2 EL Zitronensaft	
1 TL Pfefferkörner	
¼ l Instant-Hühnerbrühe	
100 g Langkornreis	
5 EL Butter	
500 g Zwiebeln	
1 Knoblauchzehe	
250 g kleine Champignons	
2 EL Zitronensaft	
1 EL Senf, Salz	
Pfeffer aus der Mühle	
1 Bund Dill	
4 hart gekochte Eier	
1 Ei, saure Sahne	

1 Das Mehl mit dem kalten Fett, dem Salz und Eiswasser zu einem festen Teig verkneten. Den Teig 5 Stunden, am besten über Nacht kühl stellen.

2 Das Fischfilet waschen und trocken tupfen. Von dem Filet zwei etwa 2 cm breite und etwa 15 cm lange Streifen als Einlagen abschneiden und kühl stellen.

3 Den Weißwein mit dem geputzten und gewürfelten Suppengrün, dem Fischgewürz, Salz, Zucker, Zitronensaft und Pfefferkörnern 10 Minuten köcheln lassen. Das größere Lachsfilet darin 10 Minuten neben dem Herd ziehen lassen.

4 Währenddessen die Hühnerbrühe zum Kochen bringen, den gewaschenen Reis darin 15 Minuten garen und abgießen. Die Butter in einer großen Pfanne erhitzen. Die Zwiebeln und den Knoblauch schälen und würfeln. Beides in der Butter weich, aber nicht braun schmoren.

5 Die Champignons putzen, gegebenenfalls waschen, gut abtropfen lassen und klein schneiden. Mit den Zwiebeln 5 Minuten bei großer Hitze schmoren. Den gekochten Reis, den Zitronensaft und den Senf dazugeben und beiseite stellen.

6 Das gegarte Lachsfilet abtropfen lassen, zerpflücken und mit der Zwiebel-Reis-Mischung vermengen. Die Füllung mit Salz, Pfeffer und gehacktem Dill würzen. Die hart gekochten Eier fein hacken und unterrühren.

7 Den Backofen auf 200 °C (Gas Stufe 3, Umluft 180 °C) vorheizen. Ein Backblech mit Backpapier auslegen. Den Teig halbieren und jeweils getrennt zwischen Frischhaltefolie zu einem Rechteck (22 × 43 cm) ausrollen. Ein Teigrechteck auf das Backblech legen, die Hälfte der Füllung in der Mitte verteilen, dabei jeweils einen 4 cm breiten Rand frei lassen. Die gekühlten Lachsstreifen in die Mitte legen und mit der restlichen Füllung abdecken. Das Ei trennen. Die Teigränder mit Eiweiß bestreichen. Das zweite Teigrechteck darüber legen und fest an die Füllung drücken.

8 Die Teigränder zur Füllung hin aufrollen. In die Mitte der Pastete ein 1 cm großes Loch schneiden. Teigreste ausrollen und Ornamente ausstechen. Das Eigelb mit einigen Tropfen Wasser verrühren und die Pastete damit bestreichen. Die Ornamente ankleben und mit Eigelb bestreichen. Im Backofen auf der zweiten Stufe von unten 50 bis 60 Minuten backen. Ofenfrisch mit saurer Sahne anrichten.

Dänische Osterfladen

1. Die Butter klein schneiden und rasch mit der Speisestärke verkneten. Zwischen Frischhaltefolie etwa 20 × 15 cm groß ausrollen und kühl stellen.

2. Das Mehl in eine Schüssel sieben und mit der Trockenhefe, dem Zucker und dem Salz mischen. Den warmen Kefir, die Eigelbe sowie die Butter hinzufügen. Alle Zutaten zu einem glatten Teig verkneten.

3. Den Teig zu einer Kugel formen und abgedeckt 30 Minuten gehen lassen. Danach den Teig noch einmal durchkneten und zwischen Frischhaltefolie gut 30 × 20 cm groß ausrollen. Das Butterstück darin rundherum einschlagen und alles doppelt so groß ausrollen. Von der schmalen Seite jeweils zur Mitte einschlagen und 15 Minuten kühl stellen.

4. Den gekühlten Teig wieder doppelt so groß ausrollen, dreimal zusammenfalten und 15 Minuten kühl stellen. Diesen Vorgang noch zweimal wiederholen.

5. Für die Füllung den Quark in einem Küchentuch gut ausdrücken. Die Eigelbe, den Zucker, die flüssige Butter, die Speisestärke, den Vanillezucker, das Salz, die geriebene Zitronenschale, die Rumrosinen sowie die gehackten Mandeln hinzufügen und alles vermengen.

6. Den Backofen auf 220 °C (Gas Stufe 4, Umluft 200 °C) vorheizen. Ein Backblech mit Backpapier auslegen. Den durchgearbeiteten Plunderteig zwischen Frischhaltefolie etwa 3 Millimeter dick ausrollen und 12 Fladen (Durchmesser 10 bis 12 cm) ausstechen.

7. Die Quarkcreme in die Mitte der Fladen setzen. Das Ei mit 3 TL Wasser verrühren und die Teigränder damit bestreichen. Dann zusammenklappen, die Ränder gut andrücken und auf das Backblech setzen.

8. Die Osterfladen mit dem restlichen Ei bestreichen und mit Hagelzucker bestreuen. Im Backofen auf der mittleren Schiene 15 bis 20 Minuten backen. Die Fladen auf Kuchengittern auskühlen lassen.

Variante

Statt der kleinen Fladen können Sie auch einen großen Fladen herstellen. Die Backzeit beträgt dann etwa 10 Minuten mehr.

Für 12 Stück

- 400 g kalte Butter
- 100 g Speisestärke

- 500 g Mehl
- 2 Pck. Trockenhefe
- 50 g Zucker
- 3 Msp. Salz
- ¼ l lauwarmer Kefir
- 2 Eigelb (zimmerwarm)
- 80 g weiche Butter

- 250 g Magerquark
- 2 Eigelb
- 3 EL Zucker
- 3 EL flüssige Butter
- 1 TL Speisestärke
- 1 Pck. Vanillezucker
- 1 Msp. Salz
- etwas ger. Zitronenschale
- 75 g Rumrosinen (Fertigprodukt)
- 4 EL geh. Mandeln
- 1 Ei
- Hagelzucker zum Bestreuen

Italienische Torta Pasqualina
Spinattorte

400 g Mehl
½ TL Salz
100 ml Keimöl
1 Ei

3 Pck. TK-Blattspinat
350 g Zwiebeln
2 Knoblauchzehen
3 EL Olivenöl
50 g Pinienkerne
Salz
Pfeffer aus der Mühle
Muskatnuß
etwas ger. Zitronenschale
250 g Ricotta (oder Rahmfrischkäse)

100 ger. Parmesan
Butter für die Form
Olivenöl zum Bestreichen
100 g Parmaschinken
6 Eier

1 Eigelb
1 EL Olivenöl
20 g Pinienkerne

1 Für den Teig das Mehl in eine Schüssel sieben. Das Salz, 150 Milliliter lauwarmes Wasser sowie das Öl und das Ei hinzufügen. Alle Zutaten zu einem glatten Teig verkneten.

2 Den Teig zu einer Kugel formen und bei Zimmertemperatur 1 Stunde ruhen lassen. Den Spinat auftauen lassen, gut ausdrücken und grob hacken.

3 Die Zwiebeln und den Knoblauch schälen und fein hacken. Das Öl erhitzen und beides darin kurz anschwitzen, den Spinat dazugeben und einmal aufkochen lassen.

4 Den Spinat noch einmal ausdrücken, die Pinienkerne hinzufügen und alles mit Salz, Pfeffer, frisch geriebener Muskatnuß und etwas geriebener Zitronenschale würzen.

5 Den Ricotta mit 60 Gramm geriebenem Parmesan einrühren. Den Backofen auf 200 °C (Gas Stufe 3, Umluft 180 °C) vorheizen. Eine Springform (Durchmesser 26 cm) mit Butter einfetten.

6 Den Teig in vier Stücke teilen. Zwei Stücke zwischen Frischhaltefolie jeweils rund auf 30 cm ausrollen. Einen Teigkreis in die Form legen, mit etwas Öl bestreichen und mit Schinkenscheiben belegen. Den zweiten Teigkreis darüber legen, mit Öl bestreichen und mit den restlichen Schinkenscheiben auslegen. Mit etwas Parmesan bestreuen.

7 Die Spinatmasse einfüllen und sechs Vertiefungen mit einem Löffel in die Masse drücken. Die Eier aufgeschlagen hineingleiten lassen und mit dem restlichen Parmesan bestreuen.

8 Den dritten Teigteil ausrollen und als Deckel über den Spinat legen. Aus dem restlichen Teig zwölf Dreiecke ausschneiden und auf die Teigplatte legen. Den übrigen Teig zu dünnen Rollen formen, zu Kordeln drehen und um die Torte legen.

9 Das Eigelb mit etwas Öl verrühren und die Torte damit bestreichen. Im Backofen auf der zweiten Stufe von unten 50 bis 60 Minuten backen. 10 Minuten vor Ende der Backzeit mit den Pinienkernen bestreuen. Die Torte ofenfrisch servieren.

Sizilianische Cassata

200 g	Butter
160 g	Zucker
1 Pck.	Vanillezucker
3	Eier
1	Eigelb
2 Msp.	Salz
etwas ger.	Zitronenschale
120 g	Mehl
100 g	Speisestärke
½ gestr. TL	Backpulver
4	Eigelb
150 g	Puderzucker
4 EL	Orangenlikör
1 kg	Ricotta (oder Magerquark)
100 g	süße Sahne
350 g	kandierte Früchte
100 g	dunkle Borkenschokolade

1. Die Butter bei milder Hitze leicht bräunen und wieder abkühlen lassen. Die wieder fest gewordene Butter mit dem Zucker und Vanillezucker schaumig rühren. Die Eier und das Eigelb nach und nach unterrühren.

2. Den Backofen auf 180 °C (Gas Stufe 3, Umluft 160 °C) vorheizen. Die Masse mit Salz und Zitronenschale würzen. Das Mehl und die Speisestärke mit dem Backpulver darüber sieben und alles mischen.

3. Eine Königskuchenform (etwa 26 cm lang) mit Backpapier auskleiden und den Teig einfüllen. Im Backofen auf der zweiten Stufe von unten 65 bis 75 Minuten backen. Den Kuchen auf einem Kuchengitter auskühlen lassen. Dann längs in vier dünne Scheiben schneiden.

4. Für die Füllung die Eigelbe mit dem gesiebten Puderzucker im heißen Wasserbad schaumig rühren. Die Schüssel in kaltes Wasser stellen und die Creme kalt schlagen. Den Orangenlikör, den Ricotta (oder den ausgedrückten Magerquark) unterrühren.

5. Die Sahne steif schlagen. Bis auf wenige Stücke die kandierten Früchte fein hacken. Auch von der Schokolade etwas zur Garnierung zurückbehalten, den Rest ebenfalls fein hacken. Beides mit der Creme verrühren. Die Schlagsahne unterheben.

6. Die einzelnen Sandkuchenscheiben mit der Creme bestreichen und den Kuchen wieder zusammensetzen. Mit der restlichen Creme die Cassata bestreichen und mit den zurückgelegten Früchten und der Borkenschokolade garnieren. Die Cassata mindestens 3 Stunden kühl stellen.

Tipp

Wenn keine Kinder mitessen, können Sie die aufgeschnittene Cassatta zusätzlich mit Orangenlikör beträufeln.

Tessiner Brottorte

1 Das Brot klein schneiden. Die Milch zum Kochen bringen. Die Vanilleschoten aufschneiden, das Mark herausschaben und Schoten und Mark einige Minuten in der Milch ziehen lassen, die beiden Schoten entfernen. Die Milch über das Brot gießen. Die Sahne erwärmen.

2 Die Mandelmakronen in einem Gefrierbeutel mit der Teigrolle zerkleinern, mit der warmen Sahne zum Brot geben und alles gut durchrühren. Diese Mischung pürieren und durch ein feines Sieb streichen. Die gehackten Mandeln unterrühren.

3 Die Eier mit dem Zucker schaumig rühren. Die Zitronenschale, das Salz, den Zimt, die Muskatblüte und den Kardamom einrühren. Die Sultaninen und die Korinthen mit dem Grappa begießen. Die Schokoraspel und die passierte Brotmasse mit dem Teig mischen.

4 Eine Springform (Durchmesser 30 cm) mit Butter einfetten und mit den Mandelblättchen ausstreuen. Den Backofen auf 200 °C (Gas Stufe 3, Umluft 180 °C) vorheizen.

5 Die eingeweichten Sultaninen und Korinthen unter den Teig heben und ihn in die Form füllen. Die Oberfläche glatt streichen. Die Torte mit den Pinienkernen, Pistazien und Mandelstiften sowie einigen Butterflöckchen und etwas Zucker bestreuen. Im Backofen auf der zweite Stufe von unten 60 bis 70 Minuten backen.

Tipp

Die Brottorte lauwarm mit Vanilleeis oder ausgekühlt mit warmer Fruchtsauce servieren.

300 g Weißbrot vom Vortag

½ l Milch

2 Vanilleschoten

500 g süße Sahne

125 g Mandelmakronen

100 g geh. Mandeln

3 Eier

150 g Zucker

1 TL ger. Zitronenschale

2 Msp. Salz

½ TL gem. Zimt

2 Msp. Muskatblüte (Macis)

2 Msp. gem. Kardamom

100 g Sultaninen

50 g Korinthen

3 EL Grappa (oder Rum)

50 g Schokoraspel

Butter für die Form

4 EL Mandelblättchen

2 EL Pinienkerne

2 EL ungesalzene Pistazien

2 EL Mandelstifte

Butterflöckchen

Zucker zum Bestreuen

Griechischer Osterzopf

750 g Mehl	
1½ Würfel Hefe	
75 g Zucker	
etwa 350 ml lauwarme Milch	
1 TL Salz	
1 TL ger. Zitronenschale	
1 TL gem. Anis	
1 Ei	
2 Eigelb	
125 g weiche Butter	
1 Ei	
4 ausgeblasene Eier	
1 EL Honig	
4 EL Hagelzucker	
4 hart gekochte und rot gefärbte Ostereier	
etwas Olivenöl zum Einreiben	

1 Das Mehl in eine Schüssel sieben. Mit einem Löffel eine Mulde drücken und die Hefe hineinbröckeln. 1 TL Zucker darüber streuen und die Hefe mit etwas lauwarmer Milch und ein wenig Mehl vom Rand zu einem Brei verrühren.

2 Die Schüssel abdecken und 15 Minuten beiseite stellen. Das gegangene Hefestück mit etwas Mehl bestäuben. Den restlichen Zucker, zunächst 300 Milliliter lauwarme Milch, das Salz, die Zitronenschale, das Anispulver, das Ei, die Eigelbe sowie die weiche Butter hinzufügen.

3 Alle Zutaten zu einem geschmeidigen Teig verkneten. Eventuell noch etwas Milch hinzufügen. Ein Backblech mit Backpapier auslegen.

4 Von dem Teig zwei faustgroße Stücke nehmen und zwei gleich lange dünne Rollen daraus formen. Aus dem restlichen Teig drei gleich dicke und gleich lange Rollen formen und auf dem Backblech zu einem Zopf flechten.

5 Das Ei trennen. Den Zopf mit Eiweiß bestreichen und die zwei dünnen Teigrollen schlangenförmig auf den Zopf legen; leicht andrücken. Die ausgeblasenen Eier in die Mitte setzen und den geformten Teig mit dem restlichen Eiweiß bestreichen.

6 Den Backofen auf 200 °C (Gas Stufe 3, Umluft 180 °C) vorheizen. Den Zopf abgedeckt 30 Minuten gehen lassen. Das Eigelb mit dem Honig verrühren, den gegangenen Zopf damit bestreichen und mit Hagelzucker bestreuen. Im Backofen auf der zweiten Stufe von unten 30 bis 35 Minuten backen.

7 Den Osterzopf auf einem Kuchengitter auskühlen lassen. Die ausgeblasenen Eier entfernen. Die roten Ostereier mit etwas Olivenöl einreiben und den Zopf damit verzieren.

Tipp

Sie können dieses typische griechische Ostergebäck auch mit bunten Ostereiern schmücken.

Israelische Plava mit Limettensauce
Mandeltorte

8 Eier
200 g Zucker
2 Msp. Salz
Butter für die Form
3 EL Matzenmehl (Kuchenmehl)
½ TL gem. Zimt
1 TL ger. Zitronenschale
3 EL Zitronensaft
400 g gem. Mandeln
4 EL Mandelblättchen

1 EL Pfeilwurzelmehl
125 g Zucker
1 TL ger. Limettenschale
6 EL Limettensaft
2 Eier

1 Die Eier trennen. Die Eiweiße kühl stellen. Die Eigelbe mit dem Zucker (1 EL Zucker zurückbehalten) schaumig rühren. Die Eiweiße mit etwas Salz steif schlagen. Den Backofen auf 200 °C (Gas Stufe 3, Umluft 180 °C) vorheizen. Eine Springform (Durchmesser etwa 26 cm) einfetten und mit 1 EL Matzenmehl bestreuen.

2 Die Eigelbmasse mit dem Zimt, der Zitronenschale, dem Zitronensaft, den gemahlenen Mandeln und dem Matzenmehl mischen. Den Eischnee portionsweise unterheben, den Teig in die Form füllen. Die Oberfläche mit den Mandelblättchen und 1 EL Zucker bestreuen.

3 Die Torte im Backofen auf der zweiten Stufe von unten in 50 bis 60 Minuten backen. Den Kuchen 10 Minuten in der Form ruhen lassen, dann auf einem Kuchengitter auskühlen lassen.

4 Für die Sauce das Pfeilwurzelmehl mit dem Zucker und 375 Millilitern Wasser verrühren und 3 Minuten köcheln lassen. Vom Herd nehmen und die Limettenschale mit dem Limettensaft einrühren. Die Eier trennen. Die Eigelbe mit der heißen, aber nicht mehr kochenden Sauce verrühren. Die Eiweiße steif schlagen und unterheben. Die Sauce bis zum Verzehr kühl stellen.

Tipp

Weil die Eier für die Sauce nicht völlig erhitzt werden, müssen sie absolut frisch sein.

Israelische Maronenrolle

1. Den Backofen auf 180 °C (Gas Stufe 2, Umluft 160 °C) vorheizen. Ein Stück Backpapier zuschneiden (Größe etwa 40 × 28 cm), mit Butter einfetten und mit Mehl bestäuben. Dann auf ein Backblech legen.

2. Die Kuvertüre grob zerkleinern und mit dem Espresso bei milder Hitze verflüssigen. Die Eier trennen. Die Eigelbe mit 60 Gramm Zucker sehr schaumig und cremig rühren.

3. Die Eiweiße steif schlagen und dabei nach und nach den restlichen Zucker und den Vanillezucker einrieseln lassen.

4. Die abgekühlte, aber noch flüssige Schokoladenmasse mit den cremig gerührten Eigelben mischen. Den Eischnee unterheben und den Teig auf das vorbereitete Backpapier streichen.

5. Im Backofen auf der mittleren Stufe 10 bis 12 Minuten backen. Inzwischen ein Küchentuch mit Kakaopulver bestäuben. Den fertig gebackenen Biskuitboden darauf stürzen und das Backpapier sofort abziehen. Den Kuchen mit Hilfe des Tuchs von der längeren Seite her aufrollen.

6. Für die Füllung die gut gekühlte Sahne mit dem Sahnesteif steif schlagen. Den Rum und das Maronenpüree unterheben.

7. Den abgekühlten Biskuitboden wieder aufrollen, mit der Maronensahne bestreichen und wieder zusammenrollen. Danach mit Puderzucker bestäuben und nach Belieben mit den Marzipanmaronen garnieren.

Butter zum Einfetten

Mehl zum Bestäuben

200 g dunkle Kuvertüre

70 ml Espresso

6 Eier

100 g Zucker

1 Pck. Vanillezucker

Kakaopulver zum Bestäuben

500 g süße Sahne

2 Pck. Sahnesteif

2 EL Rum

450 ml gesüßtes Maronenpüree (aus der Dose)

Puderzucker zum Bestäuben

12 Marzipanmaronen zum Verzieren (nach Belieben)

Rezeptregister

B
Baiser-Osterei 68
Beerentorte mit
 Baiserhaube 69
Beschwipste Savarins 48
Brezeln 22

D
Dänische Osterfladen 87

E
Eiermann und Osterfrau 23
Eiernestchen 16
Erdbeerküsschen 47

F
Froher Osterbote 24
Früchtetorte mit Mango-
 creme 74
Fruchtiger Osterkranz 32
Frühlingsbaum 36

G
Gefüllte Mohnhasen 44
Gefüllter Osterzopf 30
Griechischer Osterzopf 92

H
Himbeer-Jogurt-Torte 65

I
Israelische Maronenrolle 95
Israelische Plava mit Limetten-
 sauce 94
Italienische Torta Pasqualina 88

K
Karfreitagsbrot 58
Kerniges Osternest 20
Kleine Marzipanfiguren 50
Kleine Spinatpizzas mit Ei 53
Knusperhasen 42
Kreuzbrote 22

L
Lämmchen auf der Wiese 39
Lustige Hühnerfamilie 38

M
Malteser Osterkuchen 83
Mandeltorte (Israelische Plava) 94
Marzipantorte 66
Meister Lampes Gugelhupf 73

O
Oberhase und drei Häschen 31
Osterbrot 72
Osterfrau 23
Ostergrüße auf Frischkäse 60
Osterkorb 16
Osterlamm 34
Osterpalme 18
Österreichischer Karfreitags-
 strudel 82
Ostersonntag-Muffins 46
Ostertorte mit Mandelcreme 56
Osterwiese 62

P
Pfirsich-Mascarpone-Torte 70
Pikante Eier im Schlafrock 52
Pistazien-Marzipan-Plätzchen 42

R
Rebenkreuz 26
Rhabarber-Erdbeer-Torte 61
Russische Osterpastete 86
Russisches Osterbrot 84

S
Schweizer Ostertorte 80
Schweizer Rahmfladen 79
Schweizer Rüeblitorte 78
Serviettenringe 57
Sizilianische Cassata 90
Sonnenrad 16
Stachelbeertorte 64
Süße Hoppelhasenbilder 27
Süße Osterplätzchen 43

T
Tessiner Brottorte 91

W
Weißer Hase 28